Larissa Kley

Konflikte in der Partnerschaft richtig lösen

Welche Faktoren erhöhen die Stabilität einer Paarbeziehung?

Bibliografische Information der Deutschen Nationalbibliothek:

Die Deutsche Nationalbibliothek verzeichnet diese Publikation in der Deutschen Nationalbibliografie; detaillierte bibliografische Daten sind im Internet über http://dnb.d-nb.de abrufbar.

Impressum:

Copyright © Science Factory 2019

Ein Imprint der Open Publishing GmbH, München

Druck und Bindung: Books on Demand GmbH, Norderstedt, Germany

Covergestaltung: Open Publishing GmbH

Inhaltsverzeichnis

Zusammenfassung IV

Tabellenverzeichnis V

1 Einleitung 1

2 Begriffsbestimmungen 3
   2.1 Definition: Paarbeziehungen 3
   2.2 Definition: Qualität von Paarbeziehungen 4
   2.3 Definition: Stabilität von Paarbeziehungen 5
   2.4 Einflussfaktoren auf Qualität und Stabilität von Paarbeziehungen 6

3 Konfliktbewältigung in Paarbeziehungen 11
   3.1 Theorie der ehelichen Stabilität (Gottman,) 11
   3.2 Systematisch-transaktionales Stress-Coping-Konzept (Bodenmann,) 15
   3.3 Resilienz-Modell der Paarbeziehung (Lösel & Bender,) 24

4 Methode 28

5 Ergebnisse 29
   5.1 Themenschwerpunkt: Theorie der ehelichen Stabilität 29
   5.2 Themenschwerpunkt: Dyadisches Coping 34
   5.3 Themenschwerpunkt: Resilienz-Modell der Paarbeziehung 42

6 Diskussion 45
   6.1 Neue Aspekte und Forschungsanregungen 46
   6.2 Limitationen und Stärken 49
   6.3 Fazit 50

Literaturverzeichnis 52

Anhang 62

Zusammenfassung

Die vorliegende Arbeit untersucht die Konfliktbewältigung in Paarbeziehungen. Hierzu werden die Theorien der ehelichen Stabilität von Gottmann (1994), das systematisch-transaktionale Stress-Coping-Konzept von Bodenmann (1995) und das Resilienz-Modell der Paarbeziehung von Lösel und Bender (1998) vorgestellt und auf Aktualität überprüft. Die Modelle decken jeweils unterschiedliche Komponenten der Konfliktbewältigung ab, wobei das Resilienz-Modell der Paarbeziehung von Lösel und Bender (1998) ein integratives Modell von vielen verschiedenen Theorien darstellt. Es wurde festgestellt, dass die Gesamtheit der aufgeführten Studien, die das Thema der Konfliktbewältigung abdecken, die Modelle stützen und keine der Studien den Annahmen grundlegend widersprechen. Die Modelle berücksichtigen jedoch nicht vollständig alle notwendigen Aspekte. Insbesondere die Online-Kommunikation wurde bisher kaum berücksichtigt. Es besteht bisher kein Modell, welches alle Aspekte der Dynamik der Konfliktbewältigung in Paarbeziehungen abdeckt und empirisch bestätigt wurde. Im Anschluss erfolgt eine Zusammenfassung derer Verhaltensweisen, die sich innerhalb der Konfliktbewältigung als besonders destruktiv herausgestellt haben. Zusammenfassend werden die Modelle aus ihren unterschiedlichen Standpunkten als teilweise aktuell bewertet, jedoch sind weitere Forschungen angebracht.

Tabellenverzeichnis

Tabelle 1: Literaturrecherche 28

Tabelle 2: Vergleichsstudien 66

Tabelle 3: Studien mit ergänzenden Aspekten 67

Tabelle 4: Zusammenfassung des Interaktionsverhaltens 68

Tabelle 5: Interferenzen der Theorien 69

1 Einleitung

Einer der zentralen Entwicklungsaufgaben im Erwachsenenalter ist die Herstellung einer Liebesbeziehung (Schmidt-Denter, 2005). Männer und Frauen sehen das Bedürfnis nach Liebe, Geborgenheit und Zusammengehörigkeit als positiv (Werneck & Rohrer-Werneck, 2011) und für die meisten Menschen sind Liebe und Partnerschaft eine wichtige Quelle für psychische Stabilität und Lebensfreude (Köcher, 1993). Dennoch wurden 2017 153.501 Ehen geschieden. Dies ist im Vergleich zu den letzten 20 Jahren ein niedriger Wert, stellt aber im Vergleich der Jahre zuvor einen äußerst hohen Wert dar (Statistisches Bundesamt, 2018). Durch destruktive Veränderungen kann der Bereich der Partnerschaft auch zu einer enormen Leidensquelle werden (Hahlweg, 1998). Aufgrund der hohen Scheidungsraten und damit einhergehenden Belastungen ist eine umfassende Beschäftigung mit der Thematik der Trennung, deren Ursachen und Folgen für alle Beteiligten, notwendig (Werneck & Rohrer-Werneck, 2011). Verschiedene Autoren konnten belegen, dass für die Beziehungszufriedenheit nicht relevant ist, worüber Konflikte vorhanden sind, sondern wie mit Konflikten umgegangen wird (Sanford, 2003; Stanley, Markman & Whitton, 2002).

Die folgende Arbeit befasst sich mit der Bewältigung von Konflikten in Paarbeziehungen und zeigt, welche Faktoren dahingehend in Bezug auf die Stabilität der Beziehung wirksam sind. Dazu werden drei Modelle vorgestellt, welche die Konfliktbewältigung in Paarbeziehungen thematisieren.

Um eine notwendige Grundlage für die folgende Betrachtung zu schaffen, werden zuerst die Konstrukte Paarbeziehung, Qualität und Stabilität von Paarbeziehungen erläutert. Daraufolgend werden die Einflussfaktoren beschrieben, die auf die Qualität und Stabilität wirken. Anschließend wird auf die Konfliktbewältigung eingegangen. Erstens wird die Theorie der ehelichen Stabilität von Gottman (1994) erläutert, die den Zusammenhang von Ehequalität und Ehestabilität anhand des Interaktionsverhaltens in der Paarbeziehung vorauszusagen versucht. Zweitens wird das systematisch-transaktionale Stress-Coping-Konzept von Bodenmann (1995) vorgestellt. Die Theorie konnte sich neben mehreren Ansätzen des dyadischen Copings in der Wissenschaft durchsetzen und wurde weiterentwickelt. Drittens wird das Resilienz-Modell der Paarbeziehung von Lösel und Bender (1998) vorgestellt. Da die bisherigen Modelle zur Ehequalität und Stabilität nicht ausreichend formuliert waren und nicht alle Komponenten abdeckten, entwickelten Lösel und Bender (1998) ein integratives Modell, dass mehrere Theorien vereinen. Ebenfalls im Modell von Lösel und Bender (1998) enthalten sind die beiden erstgenannten

Theorien. Darauffolgend wird die Herangehensweise der Literaturrecherche im Methodenteil erläutert. Es folgt der Ergebnisteil, in dem die Studien mit den Theorien in Verbindung gebracht werden. Die vorgestellten Theorien werden anhand der Studien auf ihre Aktualität hin überprüft und kritisch reflektiert. Im Anschluss erfolgen die Diskussion und ein Ausblick für künftige Modelle.

2 Begriffsbestimmungen

Im folgenden Kapitel soll eine gemeinsame Basis für das Thema Konfliktbewältigung gefunden werden. Die Definition einer Paarbeziehung wird vorgestellt und es wird erläutert, was unter Stabilität und Qualität einer Paarbeziehung verstanden wird. Als Letztes werden die Einflussfaktoren, die auf die Qualität und Stabilität einer Paarbeziehung wirken, erläutert, bevor im nächsten Kapitel auf deren Theorien der Konfliktbewältigung eingegangen wird.

2.1 Definition: Paarbeziehungen

Bisher fehlt eine eindeutige und weitgehend anerkannte Definition des Konstrukts der Paarbeziehung (Asendorpf & Banse, 2000). Eine allgemeingültige und genaue Definition ist aus den Gründen schwierig, da die Auffassung des Konstrukts mit einem hohen Ausmaß an Subjektivität einhergeht (Werneck & Rohrer-Werneck, 2011).

Die Definition der „Partnerschaft" wird in der Wissenschaft eher als enge Definition für den Ausdruck der Verbundenheit zweier Menschen gewählt, wobei sich der Begriff auf eine eheliche oder nicht-eheliche Lebensgemeinschaft beziehen kann (Heidbrink, Lück & Schmidtmann, 2009). Es wird meist davon ausgegangen, dass es sich bei dem Begriff von Paarbeziehungen um Liebesbeziehungen handelt mit der Betonung der emotionalen Beziehung gegenüber einer anderen Person (ebd.). Werneck und Rohrer-Werneck (2011) erläutern eine Partnerschaft als eine verbindliche Beziehung zwischen zwei Menschen, die „sich zusammen getan haben, um ein Stück ihres Lebensweges gemeinsam zu gehen" (S. 29). Bierhoff und Grau (1999) betonen einige Inhalte, die die Komponenten einer Paarbeziehung abdecken und maßgeblich zum Gelingen dieser Beziehung beitragen. Intimität stellt die Selbstöffnung der eigenen Person dar, wodurch die Entwicklung eines tieferen Verständnisses der Persönlichkeit der anderen Personen gefördert wird. Je größer dabei die Selbstöffnung des Partners ist, desto mehr wächst das Vertrauen in den Partner. Weiter werden viele gemeinsame Aktivitäten als Ausdruck der Gemeinsamkeit verstanden. Je länger die Partner nur zu zweit sind, desto größer ist die Beziehungsnähe und desto mehr gemeinsame Aktivitäten unternehmen sie (Berscheid, Snyder & Omoto, 1989). Eine weitere Komponente stellt die emotionale Abhängigkeit dar. Beziehungen sind mit Liebe verbunden, die wiederum mit Nähe und Intimität einhergeht. Liebe ist demnach eine interpersonelle Einstellung, die auf mehreren Ebenen definiert wird (Bierhoff & Grau, 1999). Macht stellt ebenfalls eine Komponente dar, denn durch die Beziehung entsteht die Möglichkeit, Einfluss darauf zu nehmen, wie sich der Partner fühlt. Gegenseitigkeit und sozialer Austausch beziehen sich darauf, dass in Paarbeziehungen ein Austausch entsteht, sodass beide Paare von der Beziehung profitieren. Die letzte Komponente stellt die zeitliche Perspektive dar. Eine Beziehung hat eine Vergangenheit und eine Zukunft wobei, in der Gegenwart zumeist die weitere Entwicklung der Beziehung angestrebt wird. Die Stabilität in der gegenwärtigen Beziehung lässt sich ebenfalls mit dem Konzept der Bindung erklären (Bierhoff & Grau, 1999). In der Literatur finden sich darüber hinaus weitere Definitionen von Paarbeziehungen (vgl. Lenz, 2009; Willi, 2010).

2.2 Definition: Qualität von Paarbeziehungen

Die Qualität und Stabilität von Ehebeziehungen sind die am häufigsten untersuchten Variablen in der Partnerschaftsforschung (Brandtstädter & Felser, 2003). Es ist bewiesen, dass die Qualität und Stabilität von Beziehungen zusammenhängen, aber unterschiedliche Konstrukte darstellen (Asendorpf & Banse, 2000). Im Folgenden werden beide Konstrukte definiert.

Partnerschaftszufriedenheit wird als Qualität der Beziehung bezeichnet, die wiederum Einfluss auf die Aufrechterhaltung und somit auf die Stabilität der Beziehung nimmt (Lewis & Spanier, 1979). Die Beziehungsqualität ist ein nicht direkt beobachtbares Konstrukt, dass aus dem Verhalten erschlossen und von verschiedenen Autoren unterschiedlich definiert wird (Asendorpf & Banse, 2000). Lewis und Spanier (1976) bezeichneten die Zufriedenheit und damit die Qualität einer Beziehung als „dyadische Anpassung" (S. 15), wonach sich die Beziehungsqualität auf einem Kontinuum von gut bis schlecht bewegt. Die Bewegung auf dem Kontinuum wird beeinflusst durch die Faktoren Meinungsverschiedenheiten, interpersonelle Spannungen, persönliche Besorgtheit/Ängstlichkeit, Zufriedenheit mit der Paarbeziehung, Kohäsion und Konsens über wichtige Dinge, welche die Beziehung betreffen. Bierhoff und Grau (1999) betonen die Aspekte der Liebe und gegenseitigen Anziehung als qualitative Faktoren. Ein weiterer Aspekt der immer wieder betont wird ist die Bindung innerhalb der Partnerschaft und die damit einhergehende Stabilität der Beziehung (Cox et al., 1997; Rusbult, 1980). Brandtstädter und Felser (2003) vertreten die Annahme, dass Hintergrundbedingungen direkt und indirekt die Qualität der Paarbeziehung beeinflussen. Sie nennen dazu Merkmale der Partner (Persönlichkeit, Ziele, Werthaltungen und Kompetenzen) und Kontextfaktoren (Lebensumstände, kritische Ereignisse). Weiter wird betont, dass Persönlichkeitsmerkmale und Kontextfaktoren adaptive Ressourcen darstellen, die dabei helfen, Konflikte zu bewältigen und auf die Beziehungsqualität wirken.

2.3 Definition: Stabilität von Paarbeziehungen

Die Stabilität von Beziehungen wird als kontinuierliche Variable bezeichnet. Es lassen sich zwei unterschiedliche Auffassungen des Konstrukts unterscheiden. Beziehungsstabilität kann als Merkmal verstanden werden, dass sich im Weiterbestehen oder der Beendigung der Beziehung zeigt. In Abgrenzung dazu kann die Beziehungsstabilität als momentane Stabilität als unterschiedlich stark ausgeprägte Auflösungstendenzen abgrenzt werden. Das fortlaufende Bestehen einer Paarbeziehung stellt somit ein Indikator für die Stabilität dar (ebd.).

Eine ähnliche Unterscheidung trafen Lewis und Spanier (1979). Sie unterscheiden bei der Definition von Beziehungsstabilität zwei Dimensionen. Zum einen wird die subjektive Einschätzung bezüglich der Dauerhaftigkeit der Beziehung betont und zum anderen der objektive, formale Status der Beziehung (Hill & Kopp, 2013). Der formale Beziehungsstatus beschreibt die Lebenssituation des Ehepaares und bezieht die Optionen eines gemeinsamen oder getrennten Haushaltes oder die Status verheiratet oder geschieden ein. Die subjektive Stabilitätseinschätzung stellt Kognitionen dar, die nur durch Introspektion zugänglich sind (Arránz Becker, 2008).

Die Stabilität kann zu unterschiedlichen Zeitpunkten der Beziehung unterschiedlich stark ausgeprägt sein (Brandtstädter & Felser, 2003). Ist die Beziehung in einer schwierigen Phase, wird der Gedanke an eine Trennung häufiger erwogen. Der ernsthafte Gedanke einer Trennung stellt den besten Prädiktor für eine spätere tatsächliche Trennung dar (Booth, Johnson & Edwards, 1983). Die Instabilität, die zu verschiedenen Zeitpunkten der Beziehung unterschiedlich ausgeprägt ist, kann ebenfalls als Prädiktor für die Stabilität angesehen werden (Brandtstädter & Felser, 2003).

Bei der Konzeptualisierung der Beziehungsstabilität treten demnach einige Schwierigkeiten auf. Das formale Stabilitätskriterium lässt sich nicht auf verschiedene Beziehungstypen anwenden. Mit abnehmbaren Institutionalisierungsgrad der Partnerschaft ist die Bestimmung des Beziehungsstatus zunehmend mehrdeutig und inhaltlich schwierig (Arránz Becker, 2008). Bei Ehepartnern kann der Status der Scheidung als Indikator angesehen werden, wobei dieser Status formal gilt und sich die Ehepartner zu dem Zeitpunkt bereits getrennt haben (Binstock & Thornton, 2003; Morgan, 1988). In der Literatur wurde dieser Zustand bisweilen vernachlässigt (Brüderl & Engelhardt, 1997). Die größten Probleme entstehen jedoch bei der Definition für unverheiratete, in getrennten Haushalten lebende Paare (Arránz Becker, 2008). Hier entfällt der formale Stabilitätsindikator und es muss auf die subjektive Stabilitätseinschätzung zurückgegriffen werden.

Naheliegend ist nun die Frage, durch welche Faktoren die Qualität und Stabilität der Paarbeziehung seitens des Partners beeinflusst werden.

2.4 Einflussfaktoren auf Qualität und Stabilität von Paarbeziehungen

Viele Einflussfaktoren, die auf die Qualität und Stabilität wirken, hängen eng miteinander zusammen und beeinflussen sich wechselseitig (Brandtstädter & Felser, 2003). Im Folgenden wird eine Übersicht über die Einflussfaktoren gegeben.

Personenmerkmale, Einstellungen und Werthaltungen. Bestimmte Persönlichkeitsmerkmale werden als Risikofaktoren für eine Trennung aufgeführt. Antisoziale Dispositionen oder Merkmale wie Impulsivität oder Extraversion können die Stabilität einer Beziehung verringern (Counts & Sacks, 1991). Studien, die verheiratete und geschiedene Paare hinsichtlich des Merkmals Neurotizismus und Dysphorie untersuchten, konnten feststellen, dass diese beiden Merkmale sich ebenfalls negativ auf die Beziehungsstabilität auswirken (Beach & O'Leary, 1993; Karney & Bradbury, 1995). Weiterhin stellen spezifische Einstellungen Risikofaktoren dar. Generalisierte Erwartungen und normative Einstellungen bezüglich der Gestaltung und Funktion der Partnerschaft hängen mit einer erhöhten Scheidungswahrscheinlichkeit zusammen (Brandtstädter & Felser, 2003).

Soziale Kompetenzen sind ebenso bedeutsam. Partner, die vor der Beziehung längere Zeit alleine lebten, gelten als scheidungsgefährdeter. Möglich ist, dass fehlende soziale Kompetenzen dafür verantwortlich sind, die insbesondere für die Bewältigung von Konflikten bedeutsam sind (ebd.). Das Zeigen von Verständnis stellt ebenso ein zentrales Merkmal dar, dass sich die meisten Partner wünschen (Hassebrauck, 1995).

Ähnlichkeit und Kompatibilität. Die Ähnlichkeit und Kompatibilität beider Partner nimmt ebenfalls Einfluss auf die Stabilität einer Beziehung. Übereinstimmungen in Begabungs- und Temperamentsmerkmalen sind von Bedeutung, aber auch in Merkmalen wie Sympathie, Empathie oder Identifikation (Hassebrauck, 1990). Hassebrauck (1995) konnte in seiner Studie belegen, dass die Beziehungszufriedenheit mit der wahrgenommenen Konzeptähnlichkeit stark zusammenhängt. Greenwald und Banaji (1995) fassen in ihrer Arbeit zusammen, dass eher nebensächliche Komponenten wie musikalische Vorlieben oder Geburtstage eine positivere Einstellung und höhere Kompromissbereitschaft innerhalb der Paarbeziehung begünstigen. Karney und Bradbury (1995) fanden heraus, dass eher Personen für Paarbeziehungen bevorzugt werden, die ähnliche soziodemographische Charakterstatistiken vorweisen. Paare, die mit ihrer Beziehung zufrieden sind, sind objektiv ähnlicher als unglückliche Paare. Sie überschätzen ihre Ähnlichkeit sogar (Acitelli, Douvan & Veroff, 1993). Selbst wenn Paare gegensätzliche Ausprägungen in den Merkmalen aufweisen (zum Beispiel Dominanz und Submissivität), nehmen sie sich aufgrund der Sympathie als ähnlicher wahr (Dryer & Horowitz, 1997). Zu beachten gilt, dass, je nach betrachteten Bereich, die Ähnlichkeit und Kompatibilität die Beziehungsstabilität fördert oder verringert. Verfolgen beide Partner hohe berufliche Karriereziele, ist die Folge vermutlich, aufgrund von Konflikten in Fragen des Zusammenlebens und der Lebensgestaltung, dass ein höheres Trennungsrisiko vorhanden ist (Rosenkranz & Rost, 1996).

Wahrnehmungs- und Beurteilungsprozesse. Wahrnehmungs- und Beurteilungsprozesse beeinflussen das Gelingen einer Partnerschaft. Ausschlaggebend sind die Deutung der sozialen Umwelt und die Subjektivität in der Wahrnehmung (Brandtstädter & Felser, 2003). Diese Prozesse lassen sich nicht in ein einzelnes theoretisches Rahmenkonzept darstellen. Jedes Verhalten einer Person wird gedeutet, wobei Verhaltenserklärungen vernachlässigt werden können. Das negative Verhalten eins Partners wird besonders in gestörten Beziehungen als negative, stabile und globale Eigenschaft oder Einstellung gedeutet (Bradbury & Fincham, 1990). Gottman (1994) erläutert, dass mit stärkerer Belastung weniger Anstrengung unternommen wird, bei der Verhaltenserklärung situative Umstände zu berücksichtigen. Erklärungen des Verhaltens stehen demnach ohne Überprüfung fest und durchlaufen immer wieder dieselben Schemata.

Für die Beziehungsstabilität ist von Vorteil, dass zutreffende Vorstellungen darüber, wie der Partner sich verhalten wird, wie er urteilt und was er präferiert mit dem übereinstimmen, was der andere Partner erwartet (Brandtstädter & Felser, 2003). Je länger Partnerschaften bestehen, desto besser können sich die Partner gegenseitig einschätzen und desto besseres Wissen besteht über deren Eigenschaften. Sobald ein Bild des Partners verfestigt ist, wird dieses nicht mehr überprüft. Für Partnerschaften, die Belastungen ausgesetzt sind, können sich die vorgefestigten Meinungen negativ auswirken. Partner verlassen sich dann auf ein inkorrektes Bild vom anderen Partner (Noller & Venardos, 1986).

Darüber hinaus sind Ausgewogenheit und Fairness eine wichtige Komponente. Nach der Equity-Theorie (Hatfield, Utne & Traupmann, 1979) werden Paarbeziehungen als Austauschbeziehungen verstanden. Eine Beziehung besteht demnach solange, wie das Verhältnis von Aufwand und Ertrag für beide Partner befriedigend ist, ansonsten wird die Beziehung für beide Partner als aversiv erlebt. Sofern keine aktiven und kognitiven Regulationen getätigt werden, wirkt sich die als unfair erlebte Verteilung von Aufwand und Ertrag destabilisierend auf die Beziehung aus (Brandtstädter & Felser, 2003).

Implizite Ehemodelle. „Implizite Ehemodelle" stellen sozial geteilte, normative Erwartungen dar, die die Funktion und Bedeutung der Partnerschaft widerspiegeln. Unterschiedliche Erwartungen an die Partnerschaft entstehen durch verschiedene Vorstellungen, was eine ideale Partnerschaft erfüllt und, wie sie geführt wird. Diese Erwartungen können sich auf verschiedene Aspekte der Partnerschaft beziehen (ebd.). Implizite Ehemodelle und Erwartungen an die Partnerschaft sind nicht anfänglich ausschlaggebend für eine gelungene Partnerschaft, sondern zeigen sich erst im Verlauf der Paarbeziehung und damit im Alltag (ebd.). Beispielsweise betonen Attridge und Berscheid (1994), dass die Erfüllung von Wünschen, Bedürfnissen und Ansprüchen der eigenen Person immer wichtiger werden. Die Zufriedenheit in der Beziehung wird demnach immer stärker als Recht empfunden, diese auch einzufordern. Zur Beziehungsqualität und -stabilität trägt ferner die Erfüllung von Entwicklungsziele und Interessen bei, und das Gefühl, in der eigenen Entwicklung durch den Partner unterstützt zu werden, wobei sich Übereinstimmungen in der Ziel- und Wertorientierung als hilfreich herausgestellt hat (Felser, Schmitz & Brandtstädter, 1998). Ein weiterer potenzieller Konfliktbereich bezüglich unterschiedlicher Erwartungen bezieht sich auf die Erwartungen nach den ersten Ehejahren und der Geburt des ersten Kindes (Felser, Schmitz & Brandtstädter, 1998, zitiert nach Eckert et al., 1989). Es entsteht eine größere Arbeitsteilung sowie die Separierung der Geschlechterrollen, was wiederrum zu unterschiedlichen Erwartungen an die Paarbeziehung führt.

Irrationale Vorstellungen über eine gelungene Partnerschaft können ebenfalls schädlich sein (Felser, 2003). Überzogene Vorstellungen wie „Mein Partner ist, wie er ist. Ändern kann er sich nicht." oder „Wenn es zum Streit kommt, ist alles verloren." (Felser, 2003, S. 370, zitiert nach Eidelson und Epstein, 1982) erhöhen das Risiko für eine Trennung. Problematisch ist, dass dem Partner bei der überzogenen Vorstellung keine Chance gelassen wird, sich tatsächlich zu ändern. Übersehen wird dabei auch die Option, dass Konflikte auch Klärung oder Problemlösemöglichkeiten beinhalten. Die Befunde von Kurdek (1993) sprechen dafür, dass diese überzogenen Vorstellungen die Vorhersagekraft für Trennungen erhöhen (Felser, 2003).

Belastende Ereignisse und adaptive Ressourcen. Persönlichkeitsfaktoren und personenspezifische Vulnerabilitäten nehmen Einfluss auf die Wahrscheinlichkeit, wie eine Person ein belastendes Ereignis wahrnimmt. Eine positive Partnerschaft, die eine höhere Qualität und Stabilität aufweist, wirkt protektiv. Personen, die eine positive Beziehung führen, verfügen bei unvorhersehbaren Belastungen über eine bessere Bewältigungsleistung als Personen, die eine unbefriedigende Beziehung führen (Brandtstädter & Felser, 2003).

Konfliktverhalten und Stressbewältigung. Das Verhalten der Partner während eines Konflikts ist einer der aussagekräftigsten Prädiktoren der Beziehungsqualität (Brandtstädter & Felser, 2003). Kanning (1997) erwähnt, dass das Konfliktverhalten beider Personen von großer Bedeutung ist, inwiefern ein Konflikt eskaliert oder, ob es zu einer Lösung kommt. Unter Konfliktverhalten wird die gezeigte Reaktion auf den wahrgenommenen Konflikt verstanden (Schöbi, 2004). Ein Muster der partnerschaftlichen Interaktion wird dabei als äußerst destruktiv angesehen. Druck, Forderungen oder auch Vermeidung sind Verhaltensweisen, die nicht zur Konfliktlösung beitragen (Gottman, 1994). Heavey, Layne und Christensen (1993) konnten wiederholt belegen, dass die Partnerschaftszufriedenheit sinkt, wenn ein Partner während des Konflikts fordernd ist und das Gespräch sucht, während sich der andere Partner zurückzieht. Dieses Muster wird als „demand/withdraw" bezeichnet.

Studien belegen, dass sich die Kommunikation von glücklichen, stabilen Paaren von scheidungsgefährdeten Paaren unterscheidet (Bodenmann, 2012). Eine unzureichende Kommunikationskompetenz stellt einen aussagekräftigen Prädiktor für eine niedrige Partnerschaftszufriedenheit und somit ein höheres Risiko für Trennungen dar (Bodenmann, 1996). Bodenmann (1996) nennt „Kritik, Sarkasmus, Ablehnung, Abwertung, feindselige Bemerkungen und eine höhere Reziprozität negativer, hostil-dominanter Verhaltensweisen, die schnell zu negativen Eskalationen führen" (S. 90) als Verhaltensweisen, die unzufriedene Paare zeigen. Eine konstruktive Konfliktkommunikation ist demnach unter anderem durch positive Verhaltensweisen gekennzeichnet (Bodenmann, 2013).

Heymann (2001) fasst zusammen, dass bei zufriedenen und unzufriedenen Paaren weitere Unterschiede im Konfliktverhalten gefunden wurden. Unzufriedene Paare verwenden häufiger feinselige Haltungen, beginnen ihre Gespräche häufiger feindselig und behalten dies im Laufe des Gesprächs bei. Diese feindselige Haltung wird durch den anderen Partner erwidert, was gespiegelt wird in der Antwort des Partners und als Reziprozität bezeichnet wird. Unzufriedene Paare sind weniger bereit, ihre Verhaltensweisen im Konfliktgespräch zu ändern und verwenden weniger positives Interaktionsverhalten. Darüber hinaus vertreten lerntheoretische Ansätze die Auffassung, dass durch die Gewöhnungsprozesse, Enttäuschungen und Krisen ein Zwangsprozess ausgelöst wird, der die Verschlechterung einer Beziehung auslöst. Eine offene Kommunikation und ein positiver Austausch sind dann nur erschwert möglich (Schindler, Hahlweg & Revenstorf, 2007).

3 Konfliktbewältigung in Paarbeziehungen

Konflikte stellen einen festen Bestandteil beim Zusammenleben von Menschen dar und es fällt dennoch schwer, eine allgemeingültige Definition zu finden (Kanning, 1997), denn verschiedene Autoren und Fachrichtungen beschreiben den Begriff unterschiedlich (Glasl, 2013). Zusammenfassend lässt sich festhalten, dass verschiedene Definitionen meist ein Konstrukt der Oppositionen zweier Individuen umfassen oder sich über Inkompatibilität des Verhaltens zweier oder mehrerer Personen definieren (Schöbi, 2004). In engen Zusammenhang mit Konflikten steht das Konzept von Stress, welches synonym als Belastung bezeichnet wird. Auch hier liegen unterschiedliche Definitionen und Auffassungen vor. Zum einen kann sich Stress auf den internen Zustand des Individuums beziehen und primär physiologische und emotionale Reaktionen hervorrufen (Lazarus & Smith, 1990). Stress kann ferner als Reiz verstanden werden, der extern auftritt, wie zum Beispiel kritische Lebensereignisse, aversive Umweltbedingungen oder chronische Belastungen (Schöbi, 2004). Andere Theorien verfolgen die Auffassung, dass Stress als Transaktion zwischen Individuum und der Umwelt entsteht. Ausschlaggebend ist an der Stelle, wie Stress wahrgenommen und bewertet wird (Lazarus & Folkman, 1984).

Ein zentraler Aspekt von Stress stellt die Bewältigung dessen dar, da auf die auslösenden Stimuli Reaktionen des Individuums folgen, die mit einem instrumentellen und kognitiven Verhalten einhergehen. Bewältigung wird in diesem Zusammenhang auch als „Coping" bezeichnet (Schöbi, 2004). Stress oder Belastungen in Partnerschaften stellen demnach ein Ereignis dar, dass beide Partner direkt oder indirekt betrifft (Bodenmann, 1995). Für die Bewältigung von Belastungen und Konflikten innerhalb der Partnerschaft ist der adäquate Umgang mit Problemsituation, eigenen Emotionsregulation und der Wunsch nach Wiederherstellung einer zufriedenstellenden Beziehung von Bedeutung (Bodenmann, 1995).

Im Folgenden werden drei Theorien vorgestellt, die jeweils versuchen zu erklären, welche Komponenten Einfluss auf die Stabilität einer Paarbeziehung nehmen.

3.1 Theorie der ehelichen Stabilität (Gottman,)

Gottman (1994) untersuchte in mehreren Quer- und Längsschnittstudien den Zusammenhang von Beziehungsgestaltung und Beziehungsqualität und prüft, welche Kommunikationsmuster prädiktiv für die Stabilität von Ehen sind. Er untersuchte dazu Kommunikationsprozesse, einschließlich der kognitiven, verbalen, nonverbalen, emotionalen und psychophysiologischen Interaktionsmuster (Gottman, 1994).

3.1.1 Modell der triadischen Balance

Den Kern der Theorie stellt das Modell der triadischen Balance dar. Ausschlaggebend für eine stabile Beziehung ist demnach die Balance zwischen dem Verhalten in der Beziehung, der Wahrnehmung der Beziehung und physiologischen Reaktionen. Der Anteil an positiven, beziehungsstabilisierenden Verhaltensweisen der Partner bestimmt, inwieweit sich negative Kommunikationsmuster verfestigen, kumulieren und letztendlich zur Trennung beitragen (ebd.). Nach Gottman (1994) ist eine Beziehung dann stabil, wenn auf eine negative Interaktion mindestens fünf positive Interaktionen kommen. Direkte und indirekte Verhaltensweisen des Partners werden kumulativ wahrgenommen. Bei einem positiven Verhältnis von Interaktionen bleibt diese Wahrnehmung unbewusst. Ist dieses Verhältnis gegeben, führt die hohe Rate an positiven Interaktionen zu einer positiven Wahrnehmung der Beziehung und es stellt sich psychophysiologische Beruhigung ein. Diese Ehen werden als stabil und regulativ bezeichnet.

In unstabilen und unregulierten Ehen verringert sich das Verhältnis 5:1. Auseinandersetzungen gehen mit einer hohen, aversiven psychophysiologischen Erregung einher, die zur Folge hat, dass sich die Wahrnehmung verändert. Der Zustand des Wohlfühlens geht in den Zustand des Leidens über. Die negative Interaktion wird als unangenehm empfunden und es folgt eine emotionale Überschwemmung. Die Wahrnehmung der Beziehung wird negativer interpretiert und Verhaltensweisen des Partners werden negativer attribuiert. Positive Verhaltensweisen werden external, während negatives Verhalten internal und stabil attribuiert wird. Das hat zur Folge, dass die Interaktion innerhalb der Beziehung negativer wird, die Attribution wird bestätigt und gefördert. Es folgt die Distanzierung und Isolierung. Die Attribution bezieht sich nicht nur auf aktuelle Ereignisse, sondern kann sich auch auf länger zurückliegende Ereignisse beziehen. Die gesamte Beziehungsgeschichte wird überdacht und umgestaltet. Negative Aspekte werden dann hervorgehoben und Kognitionen bezüglich einer Trennung und Scheidung werden häufiger (ebd.).

3.1.2 Die vier apokalyptischen Reiter

Anhand seiner Beobachtungen konnte Gottman (1994) die „vier apokalyptischen Reiter" identifizieren, die destruktive Konfliktmuster darstellen. Die Verhaltensweisen nehmen starken Einfluss auf die Balance und die Kommunikation innerhalb der Beziehung. Die Verhaltensweisen werden als Kaskadenmodell bezeichnet, das Paare bei der Verschlechterung der Beziehung durchlaufen, die sich durch charakteristische Verhaltensmuster kennzeichnen und letztendlich zur Trennung oder Scheidung führen (Gottman, 1994).

Kritik (Complain/Criticize): Kritik ist gekennzeichnet durch offenes Beschweren, kritisierende Bemerkungen oder Vorwürfe, die sich auf das Verhalten des Partners beziehen. Persönliche Kritik richtet sich nicht nur an das Verhalten des Partners, sondern an die Persönlichkeit (Gottman, 1994).

Verachtung (Contempt): In Folge der Kritik führt das Verhalten zu sarkastisch-zynischen Bemerkungen, gegenseitiger Verachtung, Abwertung und zu Beleidigungen. Feindselige Körpersprache und Humor, Spott und Hohn werden ausgedrückt. Der Partner wird durch negative Gedanken abgewertet (ebd.).

Verteidigung (Defensiveness): Es folgt die Rechtfertigung und Gegenanklagen. Abwehr stellt eine Reaktion dar, die ausgeführt wird, wenn der Partner selbst angegriffen wird. Rechtfertigung und äußere Umstände werden angeführt, die nicht in der eigenen Kontrolle liegen. Die eigene Meinung wird wiederholt, die des Partners ignoriert. Verteidigung führt zu einer Verschärfung des Konflikts (ebd.).

Rückzug (Stonewalling): Als Folge der bisherigen Verhaltensweise folgt die Vermeidung direkter Interaktionen. Der Partner ignoriert die ihm betreffende Kritik, äußert sich wenig und wechselt das Thema. Der andere Partner interpretiert diese Verhaltensweisen als Missbilligung und Selbstgefälligkeit (ebd.).

Provokative Machtdemonstration („belligerence") wurde zusätzlich hinzugefügt und stellt ein provokatives Verhalten dar, dass die Macht und Autorität des Partners in Frage stellt (Gottman, 1998).

3.1.3 Ehetypologie

Gottman (1994) differenziert anhand von Interaktionsmustern zwei Paartypen, die jeweils in Subtypen weiter unterteilt werden. *Stabile, regulierte Paare* werden in drei Subtypen unterteilt:

Konstruktive Paare („validating couples") zeichnen sich durch viel Leichtigkeit und Ruhe aus und die Beschreibung des Problems wird häufig durch den anderen Partner bestätigt. Es wird versucht, die Meinung des anderen Partners zu verstehen. Die Paare zeigen häufiger Verständnis, Empathie und Intimität. Auseinandersetzungen werden offen und ruhig geführt und es folgen positive Interaktionen. Diese Paare kennzeichnen sich weiter durch eine hohe Kompromissbereitschaft und zeigen ein ausgeprägtes „Wir"-Gefühl.

Konflikt-vermeidende Paare („conflict-avoiders") tragen Konflikte nicht emotional und distanziert aus. Es wird versucht, Konflikte und verletzende Auseinandersetzungen zu vermeiden und es werden wenige Emotionen gezeigt. Die Partner zeigen ein geringes Ausmaß an Intimität. Positive und negative Verhaltensweisen sind gering ausgeprägt, die positiven Interaktionen überwiegen jedoch (Gottman, 1994.).

Lebhaft-impulsive Paare („volatile couples") zeigen sich in Konflikten intensiv emotional. Sie zeigen viel Eifersucht, aber auch viel Schutz und Liebe und geben sich ausdrucksvoll und einbezogen. Sie versuchen, den Partner von sich zu überzeugen. Konflikte werden mit einem hohen Ausmaß an Negativität ausgetragen, anderseits zeigen sie aber auch viele positive Emotionen, Humor, Interesse oder Zuneigung. Beide Partner wollen individuell und eigenständig bleiben (Gottman, 1994).

Als instabile, unregulierte Paare werden jene bezeichnet, deren Ehen sich auflösen. Diese werden in zwei Subtypen unterteilt:

Feindselige Paare („hostile couples") kennzeichnen sich durch direkte Konflikte aus. Motive, Gefühle oder Verhalten des Partners werden negativ attribuiert, woraus Beschimpfungen, Beleidigungen und Abwertungen resultieren und dem Partner wird wenig Achtung entgegen gebracht. Eine provokative Kommunikation ist ebenfalls häufig vorhanden. Diese Paare weisen eine hohe Scheidungsgefährdung und eine geringe Partnerschaftszufriedenheit auf. Ein konstruktiver Umgang mit Konflikten ist selten möglich (ebd.).

Feindselig distanzierte Paare („hostile/detached couples") weisen ebenfalls eine hohe Rate an Negativität auf. Sie zeigen sich zudem distanziert und emotional unbeteiligt. Es wird zuerst versucht, Konflikte zu meiden. Gelingt dies nicht, werden Konflikte mit einem Ablauf von wiederholenden Attacken und Verteidigungen, feindselig und abwertend ausgetragen. Liebe und Zuneigung werden für den Partner nicht mehr empfunden und eine Lösung der Konflikte wird selten gefunden (ebd.).

3.1.4 Stärken und Schwächen

Die Theorie der ehelichen Stabilität wurde von Gottman selber in einigen Punkten als spekulativ bezeichnet (ebd.). Problematisch ist das unpräzise Konzept der „apokalyptischen Reiter". Gottman fasst als Kritik die globale Schuldzuweisung und eine Abwertung des Partners auf, nicht jedoch die negativ geäußerte Bewertung des Verhaltens. Ferner wurde das Konfliktverhalten der Paare anhand von Beobachtungen untersucht. Die subjektive Perspektive der untersuchten Paare wurde somit vernachlässigt. Gottman konnte in weiteren Untersuchungen seine Befunde teilweise bestätigen (Gottman, 1998). Die Theorie stellte dennoch eine Grundlage für weitere Forschungen dar, die zum Verständnis des Interaktionsverhaltens beitrug.

3.2 Systematisch-transaktionales Stress-Coping-Konzept (Bodenmann,)

Das systematisch-transaktionale Stress-Coping-Konzept ist eine Erweiterung des transaktionalen Ansatzes von Lazarus (Lazarus & Folkman, 1984). Stress wird als ein dynamisches Konstrukt verstanden, dass aus der Interkation zwischen dem Individuum und der äußeren Umwelt entsteht. Die subjektive Wahrnehmung des Ereignisses der betroffenen Person wird dabei in den Vordergrund gerückt (Lazarus & Folkman, 1984).

Bodenmann (1995) erläutert in seinem Ansatz des dyadischen Copings, dass Stress ein direktes und indirektes Ereignis darstellt, welches sich auf beide Personen in einer Paarbeziehung auswirkt. Dyadisches Coping stellt einen Prozess dar, „in dessen Rahmen Stresssignale des einen Partners, die Wahrnehmung der Signale durch den anderen Partner und dessen Antwortreaktion (verbale und nonverbale Copingreaktionen des anderen Partners auf diese Stressäußerung) berücksichtigt werden" (Bodenmann, 2000, S. 52). Zentral für die Vorhersage des Stresserlebens und des Copings sind die Betroffenheit vom Stress, die Verursachung und die Einfluss- und Kontrollmöglichkeiten von beiden Partnern einzeln, dyadisch als auch von paarexternen Personen (ebd.).

Die Einschätzung des Stresserlebens unterliegt drei Prozessen. In der primären Einschätzung erfolgt die Einschätzung der Wahrnehmung des Partners und ob dieser die Einschätzung der Wahrnehmung realisiert. Es folgt ein Abgleich der Einschätzungen und eine erneute Bewertung. Innerhalb der sekundären Einschätzung wird geprüft, ob das eigenen Wohlergehen oder das des Partners oder der Dyade gefährdet ist. Es wird geprüft, ob eigene Ressourcen, Ressourcen des Partners, dyadische Ressourcen oder externe Ressourcen zur Verfügung stehen. Wird die Situation als bedrohlich, herausfordernd oder schädigend eingeschätzt, werden die Ressourcen aktiviert. Das Ziel besteht in der Minimierung, Bewältigung, Tolerierung oder Reduktion der Belastung. Gemeinsame Ziele und Erwartungen werden berücksichtigt und im Anschluss erfolgt die gemeinsame Neubewertung. Die Effektivität der eingesetzten Copingstrategie wird bewertet. Es erfolgt eine eigene Einschätzung und, wie sie beim Partner vermutet wird. In Abhängigkeit davon wird eine neue Einschätzung vorgenommen oder eine andere Bewältigungsstrategie eingesetzt (Bodenmann, 1995).

Es liegen zahlreiche Möglichkeiten vor, bei dem dyadenrelevanter Stress auftritt. Konflikte innerhalb der Partnerschaft, die Übertragung der negativen Stressemotionen oder die empathische Reaktion, wenn der Stress des anderen Partners wahrgenommen wird stellen *situative Faktoren* dar. *Personelle Faktoren* wie problematische Persönlichkeitsmerkmale, schwere Erkrankungen des Partners, persönliche Veränderungen des Partners oder die zur Bewältigung eingesetzte Copingstrategie sind ebenfalls Möglichkeiten. Ferner nehmen d*yadische Faktoren* wie problematische Machtverhältnisse, andere Rollen- und Aufgabenverteilung bei Überlastung des Partners, mangelnde Homogenität zwischen den Partner bezüglich wichtiger Werte, Einstellungen oder Zielen, ungünstige Nähe-Distanz-Konstellationen, Kompetenzdefizite bezüglich der Kommunikation, Problemlösung und dyadischen Copings, mangelnde Liebesgefühle oder auch ein ungenügendes Commitment für die Partnerschaft Einfluss auf dyadenrelevanten Stress (ebd.). Zuletzt stellen kritische Lebensereignisse, Alltagsanforderungen, Mehrfachbelastungen und ökologische, ökonomische, kulturelle und soziokulturelle Belastungen Per*son- und dyadenexterne Faktoren* dar (Bodenmann, 1995).

3.2.1 Formen der Stressäußerungen in Partnerschaften

Die Stresskommunikation der Paare wird in einem zweidimensionalen Raum dargestellt. Die Dimensionen lassen sich als emotions- versus problembezogen und verdeckt versus offen bezeichnen. Bodenmann (1995) unterscheidet anhand dessen acht Formen der Stressäußerungen.

Die *problembezogene Stressäußerung* zeigt sich in verbalen Äußerungen, die einen Aufforderungscharakter haben und problembezogene Informationen, Ratschläge und sachliche Unterstützung beinhalten. Sie umfasst Fragen zu sachlichen Anforderungen, deren Handhabung und Lösung. Die *Delegation* beinhaltet die verbale explizite Aufforderung, bei aktueller oder chronischer Überlastung Aufgaben und Tätigkeiten des Partners zu übernehmen. Bei n*onverbaler emotionsbezogener Stressäußerung* werden nonverbale Äußerungen wie beispielsweise Zittern, motorische Unruhe, Kopf schütteln, glasige Augen und ein weinerlicher Tonfall gezeigt. Diese Verhaltensweisen sind als emotionales Unbehagen zu deuten und die Stresssignale müssen für den Partner wahrnehmbar sein. Ein appelativer Charakter an den Partner muss ersichtlich sein. Bei n*eutraler Beschreibung von scheinbar emotional relevantem Stress* werden Belastungen sachlich, neutral und narrativ beschrieben, ohne dabei Gefühle zu erwähnen. Es besteht kein impliziter oder expliziter Aufforderungscharakter an den Partner, dyadisches Coping zu leisten. *Latente verbale emotionsbezogene Stressäußerung* ist ebenfalls neutral und sachlich, es liegt aber eine latente Wahrnehmung der Belastung vor, ohne diese auszusprechen. Die *verbal implizite emotionsbezogene Stressäußerung* zeigt sich in einer verbalen Äußerung, die implizit eine Nachfrage um emotionale Unterstützung fordert. Die Äußerung enthält keine Information zur eigentlichen Stressursache oder zum emotionalen Empfinden. Die *verbal explizite emotionsbezogene Stressäußerung* hingegen beinhaltet Äußerungen, die konkrete Emotionen und kognitive Vorgänge beinhaltet. Der Gefühlszustand wird von der Person beschrieben und sie thematisiert, wie sie sich fühlt und was sie denkt (ebd.).

3.2.2 Formen des dyadischen Copings

Die Strategien zur Stressbewältigung innerhalb der Partnerschaft werden in drei Formen unterschieden: individuelles Coping, dyadisches Coping (positiv und negativ) und die Suche nach sozialer Unterstützung durch Netzwerke außerhalb der Partnerschaft (ebd.). Der Fokus wird aufgrund der Thematik auf das dyadische Coping gelegt.

Die Formen des *positiven dyadischen Copings* haben gemeinsam, dass die Bereitschaft zur Unterstützung seitens des helfenden Partners und die Bereitschaft zur Inanspruchnahme der Hilfe seitens des hilfsbedürftigen Partners hoch sind. Es lassen sich folgende Formen des positiven dyadischen Copings unterscheiden:

(a) Gemeinsames dyadisches Coping: Innerhalb der Partnerschaft liegen gemeinsame Ziele vor und Bewältigungsversuche werden symmetrisch und komplementär unternommen, um emotionalen Stress, sachliche oder soziale Probleme zu überwinden. Der gemeinsame Bewältigungsversuch kann problem- oder emotionsbezogen erfolgen. Zum problembezogenen gemeinsamen dyadischen Coping zählen beispielsweise die gemeinsame Kommunikation über eine Lösung, die faire Aufteilung einer Tätigkeit auf beide Partner und die gemeinsame Informationssuche. Das emotionsbezogene dyadische Coping bezieht sich beispielsweise auf die gegenseitige Solidarisierung, gemeinsame Entspannungsübungen und gemeinsame sportliche Aktivitäten. Nach Bodenmann (1995) zeigt sich das gemeinsame dyadische Coping vor allem in Situationen, in denen beide Partner betroffen sind, von denen der Stress extern verursacht wurde, die Partner gemeinsame Ziele verfolgen und für beide Partner hohe Kontrollmöglichkeiten vorliegen.

(b) Supportives dyadisches Coping: Der unterstützende Partner hilft anhand von Unterstützungshandlungen zugunsten des anderen Partners, die entweder problembezogen (Ratschläge geben, materielle Unterstützung, Mithilfe bei der Analyse von Problemen) oder emotionsbezogen (Wertschätzung, Verständnis, Mithilfe zur Gefühlsberuhigung und Umwertung einer Situation) sind. Die Bewältigungsarbeit wird dabei nicht ganz abgenommen. Diese Form des Copings wird häufig in Situationen gezeigt, in denen der helfende Partner über bessere Bewältigungsressourcen verfügt, der Stress primär nur einen Partner stärker betrifft, die Verursachung externer Art ist und die Motivation beider Partner hoch genug ist, die Hilfestellung zu geben sowie auch anzunehmen (ebd.).

(c) Delegiertes dyadisches Coping: Der zu unterstützende Partner erhält die Möglichkeit, in Stresssituationen bei dem anderen Partner Tätigkeiten oder Aufgaben zur Bewältigung abzutreten. Der unterstützende Partner wird dazu explizit aufgefordert. Das delegierte dyadische Coping wird unter die sachbezogene Stressbewältigung eingeordnet, da die Form des Copings lediglich bei sachbezogenen Stressoren auftritt. Delegiertes dyadisches Coping tritt zumeist in Situationen auf, in denen der eine Partner höheren Stressoren ausgesetzt ist, der zu unterstützende Partner über mehr Copingressourcen verfügt, die Verursachung externer Art oder unverschuldet ist und die Motivation zur Beihilfe seitens des helfenden Partners vorliegt. Die explizite Bitte um Übernahme der Tätigkeit oder Aufgabe muss vom gestressten Partner erfolgen (ebd.).

Es lassen sich folgende Formen des *negativen dyadischen Copings* festhalten. Bei allen drei Formen ist lediglich der zu unterstützende Partner von der Stresssituation betroffen und die Bereitschaft zur Unterstützung seitens des unterstützenden Partners gering.

(a) Ambivalentes dyadisches Coping: Der unterstützende Partner erlebt seinen eigenen Beitrag als unnötig oder belastend oder er wünscht sich, seine Hilfe würde nicht benötigt werden. Diese Form des Copings kann in allen anderen Copingformen vorkommen. Der unterstützende Partner nimmt den zu unterstützenden Partner als inkompetent und minderwertig wahr. Der Partner bewundert und beneidet Personen, die kompetent mit Stress umgehen können und bewertet diese höher. Diese Form des Copings ist für den Partner häufig nicht wahrnehmbar, da es sich nicht in Vorwürfen oder negativen Verhaltensweisen äußert, sondern in subtilen, non- oder paraverbalen Anzeichen einer fehlenden Motivation. Der unterstützende Partner reagiert verlangsamt, wirkt antriebslos, müde oder schwerfällig und es können Diskrepanzen bezüglich der Kommunikationssignale (verbal, para- und

nonverbal) vorliegen. Sobald eine direkte, offensichtliche Negativität sichtbar ist, wird von hostilem dyadischem Coping gesprochen. Die Copingressourcen sind beim nicht von Stress betroffenen Partner höher (Bodenmann, 1995).

(b) Hostiles dyadisches Coping: Der eine Partner reagiert auf die Stresssignale des anderen Partners mit direkt feindseligen Äußerungen durch Bemerkungen oder Körperkontakt in herabsetzender, distanzierter, kritischer, desinteressierter oder sarkastischer Form. Die Kritik kann dabei offen erfolgen, der Partner kann subtil lächerlicher gemacht werden oder der Stress wird im Vergleich zum eigenen Stress minimiert. Wenn Desinteresse spürbar ist, im Nebensatz kritische Anmerkungen gemacht werden oder die Unterstützung negativ erfolgt, wird ebenfalls von hostilem dyadischem Coping gesprochen. Bei dieser Strategie ist die Körperhaltung zumeist abgewandt. Häufig kommt es vor, dass hostiles dyadisches Coping innerhalb des supportiven, gemeinsamen und delegierten dyadischen Copings vorkommt. Es findet dann eine Unterstützung statt, aber innerhalb eines negativen Umgangs mit dem Partner. Die Copingressourcen sind unter Umständen bei beiden Partnern gering (ebd.).

(c) Floskelhaftes dyadisches Coping: Der Partner reagiert mit unengagierten Verhaltensweisen, wobei die Intention nicht zwingend negativ sein muss. Der unterstützende Partner kann aufgrund von eigenen Belastungen, situativer Unpässlichkeit oder Zerstreutheit nicht in der Lage sein, eine befriedigende Copingstrategie auszuüben. Der zu unterstützende Partner fühlt sich bei der Reaktion nicht verstanden, ernst genommen und getragen. Die Copingressourcen sind beim nicht von Stress betroffenen Partner ebenfalls höher (ebd.).

3.2.3 Einflussfaktoren auf das dyadische Coping

Verschiedene Faktoren nehmen Einfluss auf die Aktualisierung von dyadischem Coping. Welche Form des Copings eingesetzt wird, hängt von individuellen und dyadischen Kompetenzen, sowie motivationalen und kontextualen Aspekten ab. Im Folgenden werden diese Einflussfaktoren erläutert.

Unter *individuellen Kompetenzen* versteht Bodenmann (1995) eine angemessene Stressäußerung, die angemessene Wahrnehmung von Stresssignalen des Partners, die angemessene Dekodierung und ein angemessenes individuelles Coping. *Dyadische Kompetenzen* beziehen sich auf die dyadische Kommunikation, Problemlösung, Organisation und Rollenverteilung sowie die Kooperation. Der Sender einer Botschaft benötigt eine angemessene Stresskommunikation. Die Art und Weise, wie der Stress kommuniziert wird, ist ausschlaggebend für den Erfolg der

Dekodierung der Botschaft. Schwierig wahrzunehmen sind beispielsweise nonverbale Stresssignale, sodass ein angemessenes dyadisches Coping auf die Problematik schwierig umzusetzen ist. Wahrnehmungsprobleme und Fehleinschätzungen sind die Folge von nonverbalen oder verbal impliziten Äußerungen, wodurch es ferner zur Unterlassung von dyadischem Coping oder einer unangemessenen Hilfestellung führt. Die Bedürfnisse des Partners werden nicht korrekt erkannt. Der Empfänger einer Botschaft benötigt eine kompetente Wahrnehmungs- und Dekodierungsfähigkeit um verbale, non- und paraverbale Kommunikationssignale zu erkennen und zu deuten. Von Bedeutung sind die Fähigkeit zur Empathie, zur Beobachtung und die Kenntnis über den Partner sowie die Fähigkeit, Rückfragen zu stellen (Bodenmann, 1995). Die Klarheit der Gefühle für andere Personen kann als Komponente der Empathie verstanden werden und bezieht sich auf die Kompetenz, die Gefühle von anderen Personen mitzuerleben und zu benennen (Lischetzke, Eid & Diener, 2012).

Motivationale Aspekte stellen intrinsische und extrinsische Motive, Stimmungen, Ziele, Bedürfnisse, Attributionen, Verstärkungen seitens des Partners und Motivation seitens des Empfängers dar. Intrinsische Motive sind Liebe und Interesse für den Partner, Commitment für die Partnerschaft, Partnerschaftszufriedenheit, Reziprozität, Intention der Aufrechterhaltung der Beziehung und mit der Partnerschaft verbundene Vorteile. Extrinsische Motive sind die Erwartungen des Partners oder wichtiger Bezugspersonen, soziokulturelle Normen, soziale oder anderweitige Sanktionen und äußere Umstände. Dyadisches Coping wird aktualisiert, sofern ausreichende intrinsische und extrinsische motivationale Faktoren vorliegen. Es ist jedoch wahrscheinlich, dass floskelhaftes oder ambivalentes dyadisches Coping angewendet wird, wenn die extrinsische Motivation ausgeprägter ist. Situative motivationale Faktoren beeinflussen ebenfalls, ob dyadisches Coping gewährt wird. Die Stimmung, situative Ziele und Bedürfnisse und die getätigten Kausalattributionen sind Faktoren, die auf das dyadische Coping wirken. Die Verstärkung des Partners in Form von Lob, Anerkennung oder Rückmeldung bezüglich der Wirksamkeit des Copings kann ebenfalls motivierend wirken. Auf Seiten des Empfängers von dyadischen Copings zählen Faktoren wie die aktuelle Stimmung und Befindlichkeit, die Persönlichkeit, die Partnerschaftsqualität sowie das Verhalten des Partners (Bodenmann, 1995).

Unter *kontextualen Aspekten* werden das Stressniveau, die Copingressourcen und die räumlich-zeitliche Verfügbarkeit des Partners angesehen. Durch eigenen Stress ist eine eingeschränkte Wahrnehmung vom Stress des Partners möglich, wodurch die Bereitschaft zum dyadischen Coping sinkt. Längere Unterstützungsphasen und die damit einhergehende Erschöpfung der Copingressource lässt die Bereitschaft zu dyadischem Coping ebenfalls sinken. Dyadisches Coping ist außerdem nicht möglich, wenn der Partner räumlich nicht verfügbar ist (Bodenmann, 1995).

3.2.4 Kumulation von Stress

Kumulation von Stress tritt auf, wenn die Copingressource der Person überfordert ist. Personen in einer Paarbeziehung neigen dann zur Inanspruchnahme von supportivem und delegiertem dyadischen Coping (Bodenmann, 1995).

Die Anhäufung von Stress kann auf der individuellen und auf der dyadischen Ebene betrachtet werden. Auf der individualen Ebene sind mehrere Faktoren für die Anhäufung von Stress ausschlaggebend. Wesentlich dafür sind drei Bedingungen. Erstens ist denkbar, dass die *Copingressourcen der Person* nicht ausreichen. Die Kompetenzbewältigung ist nicht ausreichend ausgebildet, es wird keine effiziente Copingstrategie ausgebildet und angewendet. Zweitens kann die *Intensität, Dauer oder Qualität der Stressoren* zu hoch sein und somit die Copingressourcen überfordern. Drittens ist möglich, dass nach einer starken zeitlichen Beanspruchung *keine ausreichenden Regenerationsmöglichkeiten* gegeben sind und ein Ungleichgewicht zwischen Belastungsaufbau und Entspannung gegeben ist (Bodenmann, 2000).

Weiter ist anzunehmen, dass individuelle Bewältigungskompetenzen unterschiedlich ausgebildet sein können. Möglich ist, dass sich ineffiziente Copingstrategien verfestigt haben und aggregieren. Dies würde wiederrum zu einer sukzessiven Kumulation von Stress führen (Bodenmann, 1995).

Ein erfolgreicher oder nicht erfolgreicher Umgang mit früheren Stresserfahrungen beeinflusst die Ausbildung und Verfestigung der Kontrollüberzeugung nach Rotter (1966,1982, zitiert nach Bodenmann, 2000) und die Selbstwirksamkeitserfahrung nach Bandura (1977, zitiert nach Bodenmann, 2000), wodurch die Wahl der Copingstrategie beeinflusst wird.

Eine Anhäufung von Stress ist weiter möglich, wenn Stressoren aus unterschiedlichen Stressorklassen summiert werden. Eine Person, die mehreren Stressoren wie zum Beispiel Entwicklungsaufgaben, einer im Vorfeld belastenden Erfahrung oder anhaltenden chronischen Stress ausgesetzt ist, wird demnach durch alltägliche Widrigkeiten stärker belastet sein, wodurch die Kapazität der Bewältigungsressourcen stärker genutzt und schneller erschöpft sein wird (ebd.). Bodenmann

(2000) fasst als Hauptursache für die Stresskumulation folgende individuelle Gründe zusammen:

> Zu hohe Intensität, Dauer und Dichte der Belastung, hohe Aversivität des Stressors, wodurch sonst angemessene Copingressourcen überfordert werden, geringe Vorhersehbarkeit, situativ oder allgemein zu schwache Copingressourcen, dysfunktionales Copingrepertoire, fehlende Antizipation im Vorfeld, schlechte Organisation und Planung, fehlende Regenerationsmöglichkeiten, gestörter Rhythmus zwischen Anspannung und Erholung, mangelndes hedonistisches Repertoire, Unterschätzung von dessen Wichtigkeit. (Bodenmann, 2000, S. 68)

Von Bedeutung ist die gegenseitige Beeinflussung beider Partner durch Stress und die wechselseitige Stressanhäufung innerhalb der Partnerschaft, da der Stress des Partners sich auf das Individuum auswirkt und somit die Bewältigungsressourcen innerhalb der Partnerschaft ausschöpfen kann. Individueller Stress des einen Partners, der nicht oder unbefriedigend gelöst wurde, kann indirekt zu dyadenrelevantem Stress führen (Bodenmann, 2000). Der direkt vom Stress betroffene Partner kann den Stress nicht bewältigen, sodass der Stress zur Belastung des anderen Partners wird. Weiter ist möglich, dass dem ersten Partner innerhalb der Partnerschaft aufgrund der Überlastung keine Copingressourcen zur Verfügung stehen und somit das dyadische Coping eingeschränkt ist oder ganz fehlt.

Ist bei beiden Partnern eine Kumulation von Stress vorhanden ist die Partnerschaft einer maximalen und normalerweise nicht adäquat zu bewältigenden Belastung ausgesetzt. Bodenmann (2000) betont, dass in dieser Situation das Stressniveau insgesamt ansteigt und die normalerweise zur Verfügung stehenden wechselseitigen Ressourcen reduziert sind oder nicht zur Verfügung stehen.

Es wird demnach von einer *„individuellen oder partnerschaftsspezifischen Stresstoleranzschwelle"* ausgegangen, die sich aus genetischer und biologischer Prädisposition, persönlichen Dispositionen und lerngeschichtlichen Erfahrungen zusammensetzen und somit unterschiedlich ausgeprägt sind. Intraindividuelle Variation aufgrund des Belastungsausmaßes, der situativen Befindlichkeit und Stimmungen werden ebenfalls berücksichtigt. Wird die Schwelle überschritten, ist die Konsequenz eine Desorganisation und der Zusammenbruch des Organismus. Die Belastung einer Person wird somit über die subjektive Wahrnehmung des Stressausmaßes, der Belastungsbewältigungsressourcen und der Stresstoleranzschwelle bestimmt (ebd.).

3.2.5 Prozessuale Aspekte

Individuelle und dyadische Kompetenzen, die bei der Aktualisierung von dyadischen Coping von Bedeutung sind, können defizitär oder unangemessen sein. Bodenmann (2000) erläutert dazu zwei Problemkonstellationen.

Erstens können die Kompetenzen aufgrund transsituativer Kompetenzdefizite eines der beiden Partner mangelhaft sein. Der zweite Partner verfügt über intakte angemessene Copingfertigkeiten oder beide zeigen Kompetenzdefizite auf. Effektive individuelle Stressbewältigung bedeutet, dass durch individuelles Coping der Stress bewältigt wird, bevor der andere Partner davon erfährt und diesen realisiert. Als funktional stellten sich die aktive Einflussnahme, Palliation, Umbewertung und Informationssuche dar, dysfunktional hingegen die Partnervorwürfe, Selbstvorwürfe, negative Selbstverbalisation und Passivität (Bodenmann, 1995, 2000; Bodenmann & Cina, 1999; Bodenmann, Perrez & Gottmann, 1996).Transsituative Defizite bedeuten, dass die Wahrnehmungs- und Dekodierfertigkeiten nicht ausreichend vorhanden sind, keine ausreichenden Strategien für supportives und gemeinsam dyadisches Coping vorliegen oder das dysfunktionales Coping ausgeführt wird. Motivationale Aspekte oder eine mangelhafte Kompetenz aufgrund der Sozialisation können sich als Gründe dafür herausstellen (Bodenmann, 2000).

Zweitens ist denkbar, dass aufgrund von Stresskumulation oder hoher Aversivität eines Stressors die individuellen oder dyadischen Copingressourcen eines der beiden Partner oder beider Partner nicht ausreichen. Ein längerfristiger Ausfall des dyadischen Copings ist dann die Folge. Die normalerweise ausreichenden und intakten Copingressourcen werden aufgrund der Kumulation zu stark beansprucht und längerfristig erschöpft (ebd.).

Stresskumulation, individuelle Überforderung und dyadisches Coping hängen eng miteinander zusammen. Der primär von Stress betroffene Partner versucht zuerst, den Stress individuell zu bewältigen, da der andere Partner den Großteil der Zeit nicht anwesend ist (Bodenmann, 1995). Gelingt dies nicht, wird auf das supportive oder delegierte dyadische Coping zurückgegriffen.

Zusammenfassend lässt sich festhalten, dass dyadisches Coping dann aktualisiert wird, sofern der direkt von Stress betroffene Partner mit der individuellen Stressbewältigung überfordert ist.

3.2.6 Funktion des dyadischen Copings

Dyadisches Coping weist zwei Funktionen auf (Bodenmann, 2000). Zum einen wird von einer *Stressreduktionsfunktion* ausgegangen. Gemeinsame Synergien werden genutzt und Unterstützung wird erhalten, um eine Entlastung in Stresssituationen zu sein und in Bezug auf Stress, Gesundheit, Leistungsfähigkeit und Zufriedenheit als Puffereffekt zu wirken. Zum anderen wird von der *Kohäsionsfunktion* ausgegangen. Die Komponenten Intimität, Bindung, Vertrauen und Geborgenheit stehen dabei im Vordergrund. Kognitive Repräsentationen werden ausgebildet, dass der Partner verlässlich und emotional verfügbar ist und das „Wir-Gefühl" wird aufgebaut. Gemeinsam bewältigte direkte und indirekte Stressoren führen zudem zu einer Verstärkung der interpersonalen Involviertheit. Die Erwartung an den Partner, dass er in Stresssituationen zur Verfügung stehe, hat bereits einen positiven Einfluss auf den Bewältigungsprozess (Baxter, 1986).

3.2.7 Stärken und Schwächen

Das systematisch-transaktionale Stress-Coping-Konzept unterliegt einer breiten empirischen Abstützung mittels verschiedener methodischer Zugänge, die bei klinischen und nicht-klinischen Paaren untersucht wurden. Die Grundannahmen konnten bisher bestätigt werden. Weitere Studien sind allerdings im Hinblick auf die Kumulation von Stress notwendig. Es konnte belegt werden, dass die Kumulation auftritt, aber nicht unter welchen Parametern. Es gelang nur teilweise die Bestätigung der zeitlichen Abfolge im Bewältigungsprozess aufgrund der methodischen Schwierigkeiten (Bodenmann, 2000).

3.3 Resilienz-Modell der Paarbeziehung (Lösel & Bender,)

Lösel & Bender (1998) integrieren mit ihrem Resilienz-Modell der Paarbeziehung verschiedene theoretische Konzepte und Befunde (Lösel & Bender, 2003). Die Grundlage stellt das Vulnerabilitäts-Stress-Adaptions-Modell von Karney und Bradbury (1995) dar, die in ihrer Metaanalyse 115 Studien mit insgesamt 45.000 Personen die Entwicklung von Beziehungen analysierten, indem vier verbreitete theoretische Perspektiven verglichen und bewertet wurden. Das Modell beinhaltet überdauernde Vulnerabilitäten, adaptive Prozesse und Stressoren, die in Wechselwirkung mit der Beziehungsqualität stehen. Die Erweiterung des Vulnerabilitäts-Stress-Adaptions-Modell beinhaltet eine spezifischere Darstellung von Vulnerabilitäten und Belastungen, protektive Ressourcen und Resilienzeffekten, die auf die

Beziehungsqualität und somit auf die Stabilität von Beziehungen wirken (Lösel & Bender, 1998).

3.3.1 Vulnerabilitäten und Belastungen

Partnerschaften sind Risiken ausgesetzt, die auf verschiedene Art und Weise wirken. Spezifische oder unspezifische Vulnerabilitäten wie Scheidungserfahrungen in der Herkunftsfamilie, eine unglückliche Kindheit oder Traumata können sich negativ auf die Beziehung auswirken. Belastungen können erstens durch langandauernde Stressoren wie Armut, chronische Erkrankung oder fehlerhafte Lebenserwartungen entstehen. Zweitens stellen kritische Lebensereignisse wie der Tod nahestehender Personen, erlebte Untreue oder Geburt eines Kindes Belastungen dar. Drittens sind alltägliche Widrigkeiten wie Konflikte im Beruf, Zeitdruck oder Probleme mit Kindern Belastungen, die auf die Beziehung wirken. Ob diese Vulnerabilitäten Einfluss nehmen, hängt beispielsweise von der späteren Partnerwahl, der sozialen Unterstützung oder der eigenen Kompetenzen ab (ebd.). Ausschlaggebend ist nicht das objektive Ereignis, sondern die subjektive Wahrnehmung und Bewertung (Lazarus & Folkman, 1984). Von Bedeutung ist, dass die Stressoren sich aus der Partnerschaft selber ergeben, wie zum Beispiel Kritik, Enttäuschungen, aggressives Konfliktverhalten oder negative Emotionen. Stressoren werden durch Rückkopplungsprozesse kumulativ (selbst) verstärkt, sodass die Adaptionskapazität des Beziehungssystems überfordert ist und die Qualität und Stabilität der Beziehung negativ beeinflussen (Lösel & Bender, 1998).

3.3.2 Effekte und Prozesse

Zwischen den ehelichen Belastungen, dem Partnerverhalten und der Beziehungsqualität vermitteln verschiedene Prozesse. Personale und soziale Ressourcen vermitteln direkt auf die Interaktion und das Bewältigungsverhalten und wirken indirekt über die kognitiv-emotionale Handlungsregulation (Lösel & Bender, 1998).

Innerhalb der *kognitiv-emotionalen Handlungsregulation* werden vier Komponenten genannt, die zueinander in Wechselwirkung stehen. Zum einen wirkt die sichere Bindung positiv auf die Beziehungsqualität. Eine unsichere Bindung führt zu negativeren Attributionen des Partnerverhaltens und erhöht zudem zusätzlichen Stress und Konflikte durch Angst vor Ablehnung, Eifersucht oder Ähnliches. Ziele, Werte und Standards stellen protektive Faktoren dar. Stimmen diese bei Paaren überein, ist die Gefahr der Kumulation durch interne Dissonanzen geringer. Selbstbezogene Kognitionen stehen eng in Verbindung mit dem Bindungsziel sowie der

Übereinstimmung in Zielen und Werten. Eine positive Paarbeziehung fördert demnach positive, selbstbezogene Kognitionen. Attribution und Kognitionen des Partnerverhaltens werden bei einer sicheren Bindung positiver aufgefasst als bei einer unsicheren Bindung (Lösel & Bender, 1998).

Unter *personaler Ressourcen* lassen sich die Persönlichkeit und kognitive und soziale Kompetenzen einordnen. Die kognitiv-emotionale Handlungsregulation ist wiederrum abhängig von der Persönlichkeit der Partner. Persönlichkeitsmerkmale wie Neurotizismus, Depressivität oder psychische Störungen stellen Risikofaktoren für Paarbeziehungen dar. Ein einfaches Temperament, psychische Gesundheit und emotionale Stabilität können ferner eine Schutzfunktion bieten. Kognitive und soziale Kompetenzen der Partner sind schwer zu definieren. Verschiedene Definitionen erläutern in dem Zusammenhang Ausdruck von Gefühlen, des Zuhörens, des Humors, soziale Wahrnehmung, Interaktion oder auch Einfühlungsvermögen und Kontaktfähigkeit. Beispielsweise führt eine fehlerhafte Kodierung von Botschaften dazu, dass Verhalten und Botschaften fehlinterpretiert und -attribuiert werden, was wiederum zu negative Kommunikation und Eskalation führen kann (ebd.).

Rollenvorbildung und Verhaltensmodelle stellen *soziale Ressourcen* dar. Implizite Ehemodelle werden von Vorbildern vorgelebt und stellen Erfahrungen da, die kognitiv-emotional unbewusst als Leitbilder funktionieren. Diese Erfahrungen wirken ebenfalls in den oben genannten Standards. Für die Geschlechterrollenidentität wird ähnliches angenommen. Unter personale Ressourcen fällt ebenfalls die soziale Unterstützung, die sich auf emotionale, materielle, informative oder evaluative Aspekte beziehen kann. Die soziale Unterstützung kann durch den Partner erfolgen, aber auch durch Familie, Freunde oder andere außerfamiliäre Personen (ebd.).

3.3.3 Bewältigungsverhalten, Zufriedenheit, Stabilität

Interaktions- und Kommunikationsmuster sind Output-Variablen und vermitteln, wie die Paare bei der Bewältigung ihrer Konflikte miteinander umgehen. Die Art und Weise, wie Partner während eines Konflikts kommunizieren, nimmt einen validen Einfluss auf die Beziehungsqualität. Es besteht ein reziproker Zusammenhang zwischen Kommunikationsverhalten und Beziehungsqualität. Ferner ist wichtig, dass der Zusammenhang von Interaktionsverhalten und Beziehungsqualität nicht immer positiv ist. Negative Interaktionen können in einer intakten Beziehung eine Signalfunktion für eine Änderungsbemühung darstellen (ebd.).

Die Variable Ehequalität nimmt Einfluss auf die Ehestabilität, aber nicht umgekehrt. Barrieren, Alternativen und Investitionen in die Partnerschaft nehmen

Einfluss auf die Stabilität einer Beziehung, auch wenn eine geringe Beziehungszufriedenheit vorhanden ist. Die wahrgenommene Investition in eine Beziehung bezieht sich auf das soziale Netzwerk, Karriere, Kindererziehung oder Intimität. Barrieren stellen psychische, soziale und materielle Kosten der Auflösung dar und Alternativen sind beispielsweise neue Partner, Sexualleben oder Alleinleben. Je nach Beziehungsstandard variiert die Toleranz für Unzufriedenheit. Komplexe Beziehungsqualitäten lassen sich weiter aus den Liebesstilen wie Agape (altruistische Liebe), Eros (romantische Liebe), Ludus (spielerische Liebe), Storge (freundschaftliche Liebe), Mania (besitzergreifende Liebe) und Pragma (pragmatische Liebe) erschließen. Ferner sind die Konzepte von Kohäsion, Flexibilität, Kommunikation, Problemlösungsfähigkeit und intrapsychische Übereinstimmung Konzepte, die auf die Beziehungsqualität wirken (Lösel & Bender, 1998).

3.3.4 Stärken und Schwächen

Das Modell bietet eine Integration von Konstrukten aus unterschiedlichen Feldern, die es ermöglichen, der Entwicklung von Qualität und Stabilität von Paarbeziehungen gerecht zu werden. Einzelne Konstrukte des Modells sind relativ breit gefasst und umfassen vielfältige Bedingungskonstellationen und Entwicklungsabschnitte. Eine empirische Überprüfung des Modells erfolgt nur erschwert, da die Testung der Zusammenhänge aufgrund der häufigen Wechselwirkungen und Moderatoreneffekte nur durch eine große und heterogene Stichprobe möglich ist. Dennoch sind die meisten Zusammenhänge empirisch fundiert. Zu beachten ist, dass bisher keine Geschlechtsunterschiede, kulturelle Hintergründe, die Dauer der Ehe, sowie Paare mit oder ohne Kinder berücksichtigt wurden und das Modell aufgrund der Übersichtlichkeit stark vereinfacht wurde (ebd.).

4 Methode

Die vorgestellten Theorien und Modelle sollten mit Studien auf deren Aktualität hin überprüft werden. Der Recherchezeitraum wurde 2008 bis zum Stichtag 18.Juli 2018 festgelegt. Zur Literaturrecherche wurden PsychINFO, SAGE Journals, PsychARTICLES, Behavioral Science Collection und der UB Katalog plus Artikel der Universität Duisburg-Essen genutzt. Zwecks der Qualitätssicherung wurden nur Peer-Reviewed-Artikel verwendet. Als Suchbegriffe wurden *„dyadic coping", „marital stability", „marital quality"* und *„marital conflict"* eingegeben, da sich die Suchbegriffe inhaltlich mit den Theorien decken. Wie in Tabelle 1 dargestellt, ergab die Suche 43.314 Treffer. Die Inhalte der Studien deckten sich nur teilweise mit den Theorien. Der Fokus der Recherche wurde auf Studien gelegt, welche die Konstrukte der Beziehungszufriedenheit und Beziehungsstabilität sowie die Thematik der Konfliktbewältigung beinhalteten. Nach Ausschluss von nicht-englischsprachigen Artikeln, Büchern, Dubletten und Veröffentlichungen, die mit der Thematik verglichen werden konnten, ergab die Recherche 31 Studien, die für vorliegende Arbeit genutzt werden konnten.

Da der vorliegende Arbeit die Modelle der ehelichen Stabilität (Gottman, 1994), das systematisch-transaktionale Stress-Coping-Konzept (Bodenmann, 1995) und das Resilienz-Modell der Paarbeziehung (Lösel & Bender, 1998) zugrunde liegen, wurden ausschließlich Studien aus dem nordamerikanischen und europäischen Raum genutzt, um die sozialen Normen und den Kulturkreis widerzuspiegeln. Berücksichtigt wurden Studien, die das Thema der Konfliktbewältigung thematisierten. Ferner wurden Studien ausgeschlossen, die Sekundärquellen darstellen. Es konnten 31 Studien in Bezug zu den Theorien gebracht werden. Diese finden sich in Tabelle zwei und werden nachfolgend detailliert dargestellt.

Quelle	Datum	Treffer
PsychINFO	18.07.2018	9.468
SAGE Journals	18.07.2018	17.319
PsychARTICLES	18.07.2018	1.420
Behavioral Science Collection	18.07.2018	248
UB Katalog plus Artikel	18.07.2018	14.859
		43.314

Tabelle 1: Literaturrecherche

5 Ergebnisse

Die Literaturrecherche beinhaltet 31 quantitative Studien. Darunter fällt ein Literaturreview. Die Studien werden den drei vorgestellten Theorien untergeordnet. Einige Theorien überschneiden sich in ihrem Schwerpunkt bezüglich der Theorien und lassen sich auch in die anderen Theorien einordnen. Die Ergebnisse der Studien werden mit den Theorien verglichen. Mit Fokus auf die Aktualitätsprüfung der Theorien werden folgende Bewertungen getätigt:

- Die Studie unterstützt oder widerspricht der entsprechenden Theorie.
- Die Studie zeigt neue Aspekte auf oder zeigt keine neuen Aspekte auf.

Den Aussagen der Studien werden Merkmale und Interaktionsverhalten (in Klammern) zugeordnet.

5.1 Themenschwerpunkt: Theorie der ehelichen Stabilität

Im Folgenden werden zehn Studien vorgestellt, die allesamt die Theorie von Gottman (1994) stützen. In einigen Studien werden neue Perspektiven aufgezeigt.

Smith, Ciarrochi und Heaven (2008) untersuchten in ihrer Studie den Zusammenhang von emotionaler Intelligenz, Konfliktkommunikation und Beziehungszufriedenheit über einen Zeitraum von 12 Monaten. Dabei wurden Partner- und Aktor-Effekte berücksichtigt. Die Autoren kamen zu dem Ergebnis, dass für Individuen der Einfluss der selbsteingeschätzten emotionalen Intelligenz auf die Beziehungszufriedenheit über den Zeitraum von 12 Monaten stabil war. Die emotionale Intelligenz ist somit kein Prädiktor für Veränderungen der Beziehungszufriedenheit im Laufe der Zeit. Es ließen sich keine geschlechtsspezifischen Unterschiede feststellen. Die Beziehungszufriedenheit beider Geschlechter wurde durch die Verhaltensweisen von Vermeidung und Zurückhaltung (stonewalling) negativ beeinflusst, insbesondere wenn Frauen diese Verhaltensweisen zeigten. Weiter stellten die Autoren fest, dass Paare, bei denen eine Person zur ersten Befragung eine hohe Beziehungszufriedenheit angab, der andere Partner zur zweiten Befragung eine höhere Beziehungsunzufriedenheit berichtete. Letztgenanntes entspricht nicht der Theorie von Gottman (1994), dennoch werden die Aspekte der negativen Verhaltensweisen gestützt. Die Studie zeigt Perspektiven bezüglich des Einflusses der emotionalen Intelligenz und der Geschlechterunterschiede auf.

Overall, Fletcher, Simpson und Sibley (2009) werteten die Vor- und Nachteile von verschiedenen Kommunikationsstrategien innerhalb einer Partnerschaft aus, wenn einer der Partner vom anderen Partner eine Veränderung wünscht. Sie unterschieden die Kommunikationsstrategien zwischen Wertigkeit (positiv und negativ) und Direktheit (direkt und indirekt). Das direkte negative Interaktionsverhalten beinhaltet Nötigung (Anschuldigungen, Beklagen, negative Affekte aufzeigen, sich vor Dritten über den anderen Partner lustig machen und Kritik und Selbstherrschaft) und Selbstherrschaft (Einnahme einer dominierenden Haltung, sich selbst höher werten oder darauf bestehen oder fordern, wie der Partner zu denken hat). Negatives indirektes Interaktionsverhalten besteht aus Manipulation dahingehend, dass der Partner sich schuldig fühlt oder an die Liebe und Wichtigkeit appellieren und Flehen/Bitten in Form von emotionalen Ausdruck nutzt, sich hilfsbedürftig gibt, negative Konsequenzen für den anderen Partner aufzählt (criticize, contempt). Positives direktes Interaktionsverhalten besteht aus rationaler Argumentation, sachliche und genaue Informationen nutzen, rationale Argumente, Lösungen vorschlagen und Perspektivübernahmen. Die indirekten positiven Verhaltensweisen beinhalten „weiche" Überredungsversuche in Form von Probleme minimieren, positive Eigenschaften des Partners hervorheben, Gefühle zum Ausdruck bringen, für andere Ansichten offen sein und Humor zu verwenden. Die Erhebung erfolgte in einem Drei-Monats-Intervall in einem Zeitraum von einem Jahr. Partner, von denen eine Veränderung gewünscht wird, berichteten, dass direkte positive und negative Strategien als anfänglich erfolglos wahrgenommen werden. Diese jedoch prognostizieren eine stärkere Veränderung innerhalb der 12 Monate. Innerhalb positiver Strategien gilt dies für weibliche Partner, die eine Veränderung wünschen. Ferner stellte sich heraus, dass beide Partner mehr Stress erlebten, wenn einer der beiden Partner negative Strategien verwendete. Je stärker das Problem war, desto niedriger war die Beziehungsqualität im Laufe der Zeit. Die Befunde weisen auf einen Mechanismus der Regulation hin, der die Beziehung beeinflusst, dessen Ergebnis das Ausmaß ist, in dem engagierte Strategien erfolgreich die gewünschte Veränderung bewirken und zeigen dahingehend einen neuen Ausblick. Die Annahmen von Gottman (1994) werden teilweise bestätigt.

Bertoni & Bodenmann (2010) untersuchten den Zusammenhang von positiven und negativen Interaktionsverhalten, Konfliktverhalten und der Beziehungszufriedenheit. Sie untersuchten 226 verheiratete Paare, die sich aus 85 zufriedenen Paaren, 55 unzufriedenen Paare und 86 Paaren in Therapie zusammensetzten. Die Autoren fanden weiter heraus, dass sich – auf Grundlage von Gottmans Rate von positiven und negativen Interaktionsverhalten – sich die drei Gruppen von Paaren unterscheiden und Geschlechtsunterschiede vorliegen. Die zufriedenen Paare zeigten das höchste Verhältnis von positiven zu negativen Interaktionsverhalten (Frauen 4.0:1.7, Männer: 4.1:1.6), Paare in Therapie wiederrum das niedrigste Verhältnis (Frauen 3.0:2.9, Männer: 3.1:2.8). Die unzufriedenen Paare ordnen sich mittig ein (Frauen 3.5:2.2, Männer 3.5:2.2). Die Autoren konnten somit belegen, dass zufriedene Paare mehr positive und weniger negative Dimensionen an Interaktionsverhalten aufwiesen und ihre Rate an positiven Interaktionen höher war. Sie zeigten häufiger angemessenes Konfliktverhalten wie Kompromissbereitschaft, weniger Vermeidung und Gewalt. Paare, die sich in Therapie befanden, zeigten die höchste Rate an negativen Interaktionen und nutzen mehr unangemessenes Konfliktverhalten. Unzufriedene Paare lassen sich zwischen zufriedenen Paaren und Paaren in Therapie einordnen. Die Studie unterstützt die Theorie von Gottman (1994) teilweise. Es werden keine neuen Aspekte aufgezeigt.

Lavner und Bradbury (2012) überprüften Risikofaktoren, die in frühen Ehejahren auftreten und eine Scheidung vorhersagen. Sie untersuchten 136 Paare und erfassten ihre Beziehungszufriedenheit innerhalb der ersten vier Jahre der Ehe. Dazu wurden die Paare in einem Intervall von sechs Monaten befragt. Eine erneute Befragung fand nach zehn Jahren statt, indem die geschiedenen und verheirateten Paare zur Unterstützung, Kommunikation, Stress und Persönlichkeit befragt wurden. Die Paare, die sich scheiden ließen, zeigten ein höheres Aufkommen von negativer Kommunikation (criticize, contempt, defensiveness, stonewalling), mehr Emotionen und häufiger soziale Unterstützung. In den ersten vier Jahren der Ehe zeigten sich keine Unterschiede bezüglich der positiven Kommunikation und der Beziehungszufriedenheit zwischen geschiedenen und verheirateten Paaren. Die Studie unterstützt die Theorie von Gottman (1994). Es werden neue Ausblicke bezüglich der Beziehungsdauer aufgezeigt.

Donato, Parise, Pagani, Bertoni und Iafrate (2014) beleuchteten den Zusammenhang des Konfliktverhaltens Forderung/Rückzug („demand-withdraw"), der Beziehungszufriedenheit und der Beziehungsdauer. Um die Beziehungsdauer ausreichend zu berücksichtigen lag die Beziehungsdauer der Paare zwischen einem und 55 Jahre. Die Daten wurden an zwei Messzeitpunkten in einem Vier-Monats-Intervall erhoben. In der Studie wurde nachgewiesen, dass das Verhalten Forderung/Rückzug (criticize, stonewalling) mit der Beziehungszufriedenheit positiv korreliert und ebenfalls einen Prädiktor dafür darstellt. Eine Ausnahme stellt eine Gruppe junger Frauen dar. Die Beziehungsdauer ist ein Moderator für die Assoziation zwischen dem Verhalten Forderung/Rückzug und Beziehungszufriedenheit für Frauen, aber nicht für Männer. Die Ergebnisse stützen die Theorie von Gottman

(1994). Neue Perspektiven werden bezüglich der Funktion des Verhaltensmusters Forderung/Rückzug aufgezeigt, da auch ältere Paare, die lange eine Beziehung führen, dieses Muster anwenden.

Shapiro, Gottman und Fink (2015) untersuchten das Konfliktverhalten von Paaren während des Übergangs zur Elternschaft. Die Paare nahmen an einem psycho-pädagogischen Workshop teil um die Kurzzeitwirksamkeit des Programms zu bestimmen. Der Workshop beinhaltete unter anderem die Veränderung von Konfliktmustern. Die Daten wurden anhand eines randomisiertes klinischen Studiendesign zu zwei Zeitpunkten, drei Monate und ein Jahr nach der Geburt, erhoben. Während der Verhaltensbeobachtung wurde das „Spezific Affect Coding System" (SPAFF) verwendet, welches die positiven und negativen Verhaltensweisen während eines Konflikts kodiert (Coan & Gottman, 2007). Besonderer Fokus wurde auf das Verhalten Missachtung/Verachtung (Contempt) gelegt. Die Autoren kommen zu dem Ergebnis, dass einige Indikatoren wirksam seien. Für Männer stellte sich heraus, dass sie während Konfliktinteraktionen drei Monate nach der Geburt weniger Missachtung/Verachtung zeigten und insgesamt positiver reagierten. Die Erhebung ein Jahr nach der Geburt zeigte wesentlich positive Veränderungen bei beiden Geschlechtern im Konfliktverhalten. Für Frauen zeigten sich aufgrund des positiveren Verhaltens des Mannes positive Effekte. Die Befunde stützen die Annahmen von Gottman (1994) bezüglich der Verhaltensweise contempt und zeigten keine neuen Aspekte auf.

Thompson und Vangelisti (2016) überprüften den Zusammenhang von Offenheit in romantischen Beziehungen, Stress, Bewältigung und deren Konsequenzen. Es wurden insgesamt acht Bewältigungsstrategien und zwei Hypothesen untersucht. Stress steht im Zusammenhang mit unerfüllter Offenheit und ist negativ mit der Beziehungszufriedenheit verbunden. Weiter sind die Bewältigungsstrategien Bestrafung, Umrahmung, Verlassen (stonewalling), Sarkasmus (contempt), sich-selbst-herabsetzen und Distanzierung mit Stress verbunden. Ferner ist Stress positiv mit Bestrafen, Reframen und Beenden der Beziehung verbunden. Jedes Interaktionsverhalten hängt wieder negativ mit der Beziehungszufriedenheit zusammen. Ebenfalls positiv mit Stress assoziiert ist die Bewältigungsstrategie Humor, allerdings ist diese positiv mit der Beziehungszufriedenheit verbunden. Für die anderen vier Bewältigungsstrategien Distanzierung, Suche nach sozialer Unterstützung, Klärung und Selbstabwertung wurde keine Assoziation zwischen Stress und Beziehungszufriedenheit gefunden. Die Befunde stützen die Annahme von Gottman (1994) teilweise und zeigen keine neuen Aspekte auf.

Lavner, Karney und Bradbury (2016) werteten aus, ob die positive und negative Kommunikation der Paare die Beziehungszufriedenheit voraussagt oder ob die Beziehungszufriedenheit die positive und negative Kommunikation voraussagt. Als theoretischer Rahmen dienten die „vier apokalyptischen Reiter" (criticize, contempt, defensiveness, stonewalling) nach Gottman (1994). Sie untersuchten 431 Paare an drei Zeitpunkten in einem Intervall von neun Monaten. Die Befunde ergeben, dass Paare, die mit ihrer Beziehung zufrieden sind, positiver und effektiver kommunizieren und weniger negative Verhaltensweisen zeigen. Für negative Verhaltensweisen gilt der gleiche Zusammenhang: Paare, die unzufrieden sind, zeigen mehr negative und weniger positive Verhaltensweisen und sind ineffektiver in ihrer Kommunikation. Zufriedenheit stellt jedoch einen stärkeren Prädiktor für das Aufkommen von positiven Verhaltensweisen und das Weglassen von negativen Verhaltensweisen dar als umgekehrt. Die Ergebnisse stimmen mit der Theorie von Gottman (1994) überein, dass positive und negative Verhaltensweisen die Beziehungsqualität beeinflussen. Sie zeigen neue Perspektiven hinsichtlich der Wirkrichtung auf.

Velotti et al. (2016) hinterfragen den Zusammenhang von Emotionsunterdrückung und Beziehungsqualität. In Anlehnung an den apokalyptischen Reiter Mauern (stonewalling) von Gottman (1994) stellt die Emotionsunterdrückung ein ähnliches Konstrukt dar, denn beide Verhaltensweisen gehen damit einher, dass der eine Partner sich aus der Interaktion zurückzieht um den Konflikt zu vermeiden. Die Autoren ziehen das Fazit, dass je ähnlicher die Paare sich in ihrer Emotionsunterdrückung sind, desto zufriedener sind sie in ihrer Beziehung. Ferner zeigte sich, dass die Emotionsunterdrückung von Männern einen stärkeren negativen Einfluss auf die Beziehungsqualität der Frauen nimmt. Frauen reagierten sensibler auf die Emotionsunterdrückung der Männer. Die Studie unterstützt die Theorie von Gottman (1994) teilweise und zeigt neue Perspektiven bezüglich der Geschlechtsunterschiede auf.

Hooper, Spann, McCray und Kimberly (2017) analysierten in ihrer Studie die Auswirkungen von emotionaler Überschwemmung und negativen Interaktionsmustern (criticize, contempt, defensiveness, stonewalling) auf die eheliche Zufriedenheit. Dazu wurden die Variablen Geschlecht, Rasse und Beziehungsdauer berücksichtigt. Die Studie konnte belegen, dass Unterschiede zwischen Kaukasier und Afroamerikanern vorliegen. Afroamerikaner zeigen höhere Ausprägungen in allen vier apokalyptischen Reitern sowie in emotionaler Überschwemmung. Die Beziehungsdauer zeigte einen kleinen positiven Effekt auf die Beziehungszufriedenheit.

Die größte negative Auswirkung zeige bei allen Personen die Verhaltensweise des Mauerns (stonewalling), die mit einer erhöhten Beziehungsunzufriedenheit einhergehe. Die Ergebnisse stützen die Theorie nach Gottman (1994) und zeigen neue Perspektiven bezüglich der Beziehungsdauer und Herkunft auf.

Overall (2018) analysierte die Auswirkungen von direkter negativer Kritik auf das wahrgenommene Commitment und die Beziehungszufriedenheit. Dazu wurden 322 Paare während ihrer Konfliktgespräche beobachtet. Die Beziehungszufriedenheit wurde aus der Sicht des Partners, welcher eine Veränderung bei dem anderen Partner wünscht, untersucht und umgekehrt. Analysiert wurde die direkte negative Kommunikation in Form von Kritik, Beschuldigungen, Drohungen, Befehlen, Wut, Ablehnung und Ausweichen (criticize, contempt, defensiveness, stonewalling). Die analysierte positive direkte Kommunikation beinhaltet Erläuterung und Klärung des Problems, Erklärungen möglicher Ursachen und Konsequenzen, Argumentation mit dem Partner und Suchen nach Lösungen. Die Paare wurden in einem Drei-Monats-Intervall bis zu einem Jahr nach dem Konfliktgespräch bezüglich ihres wahrgenommenen Commitments und der Beziehungszufriedenheit befragt. Die Beziehungsqualität und das wahrgenommene Commitment haben sich durch die Kommunikation für den Partner, der eine Veränderung wünscht, positiv entwickelt. Es fanden sich keine Unterschiede zwischen der positiven und negativen Äußerung des Wunsches nach Veränderungen. Für den Partner, der von der Veränderung betroffen ist, stellt sich die negativ-direkte Kommunikation als ein negativer Einflussfaktor auf die Beziehungsqualität und das wahrgenommene Commitment dar. Für die positive Kommunikation fanden sich keine signifikanten Unterschiede. Die Annahmen von Gottman (1994) werden gestützt und zeigen keine neuen Perspektiven auf.

5.2 Themenschwerpunkt: Dyadisches Coping

Es werden 16 Studien zum Themenbereich des dyadischen Copings vorgestellt. Die Studien thematisieren dyadisches Coping in Abhängigkeit von unspezifischen Belastungssituationen, Einflussfaktoren, Emotionsregulation, Bindung, Liebesstilen und Krankheitsbewältigung.

Zunächst werden die Studien vorgestellt, die den Zusammenhang von dyadischem Coping und Beziehungszufriedenheit in Abhängigkeit von verschiedenen unspezifischen Belastungssituationen und Einflussfaktoren untersuchen.

Iafrate, Bertoni, Margola, Cigoli und Acitelli (2012) widmeten sich der Untersuchung des Zusammenhanges von wahrnehmender Kongruenz und Beziehungszufriedenheit beim dyadischen Coping. Es wird untersucht, inwiefern die Anerkennung der Bewältigungsbemühung, die wahrgenommene Ähnlichkeit jedes Partners beim dyadischen Coping und die tatsächliche Ähnlichkeit in der Bereitstellung Einfluss auf die Beziehungszufriedenheit nimmt. Es wurde besonders der Stereo-Typ-Effekt beachtet, da der soziale Kontext, indem die Paare leben, eine signifikante Rolle in der Kongruenz bei der interpersonellen Wahrnehmung von dyadischen Coping aufweist. Es wurden drei Hypothesen aufgestellt. Hypothese 1: Der Level der Kongruenz zwischen den Partnern wird sich wesentlich verringern, wenn der Stereo-Typ-Effekt einmal kontrolliert wird. Hypothese 2: Wahrgenommene Ähnlichkeit ist ein stärkerer Prädiktor in der Beziehungszufriedenheit als tatsächliche Ähnlichkeit. Hypothese 2: Die Verknüpfung von wahrnehmender Kongruenz und Beziehungszufriedenheit wird schwächer werden, wenn der Stereotyp einmal kontrolliert wird. Alle drei Hypothesen konnten bestätigt werden. Die wahrgenommene Ähnlichkeit bezüglich der dyadischen Bewältigung zwischen Partnern ist demnach assoziiert mit der Beziehungszufriedenheit. Die Befunde beziehen sich nicht nur darauf, wie Partner sich im dyadischen Coping ähnlich sehen, sondern auch, wie jeder Partner die Kongruenz wahrnimmt zwischen dem was geboten und erhalten wird. Die Befunde bestätigen die Theorie von Bodenmann (1995) und zeigen keine neuen Aspekte auf.

Nussbeck, Hilpert & Bodenmann (2012) widmeten sich der Untersuchung der Zusammenhänge zwischen den selbstberichteten positiven und negativen Verhaltensweisen mit der Partnerschaftszufriedenheit und Trennungsabsichten. Es wurden 2.583 verheiratete Personen befragt. Die Befunde ergeben, dass beide Verhaltensweisen stark mit der Partnerschaftszufriedenheit zusammen hängen. Als besonders prädiktiv zeigt sich das dyadische Coping. Es zeigte sich, dass das Verhalten innerhalb der Partnerschaft im Zusammenhang mit dem allgemeinen Wohlbefinden und der Lebenszufriedenheit und damit auch der Partnerschaftszufriedenheit steht. Ferner zeigen die Befunde, dass nicht nur das Fehlen oder eine geringe Ausprägung von negativen Verhaltensweisen die Partnerschaftszufriedenheit fördert, sondern explizit das positive Verhalten. In Bezug zu Trennungsabsicht trägt positives Verhalten zur Verringerung bei. Negative Verhaltensweisen, die zur Trennungsabsicht führen, können durch Effekte des dyadischen Copings ausgeglichen werden. Die Ergebnisse der Studie spiegeln die Annahme von Bodenmann (1995).

Neue Aspekte werden bezüglich der Kombination von negativen und positiven Verhaltensweisen mit dem dyadischen Coping aufgezeigt.

Herzberg (2013) untersuchte den Zusammenhang zwischen individuellem und dyadischen Coping und den Effekten auf die Beziehungszufriedenheit. Es wurden drei Hypothesen aufgestellt. Die Befunde ergeben, dass individuelles Coping im Gegensatz zum dyadischen Coping nicht signifikant mit der Beziehungszufriedenheit zusammenhängen. Ferner stellte sich heraus, dass für Frauen das Alter und die Beziehungsdauer negativ verbunden sind mit emotionsfokussierter individueller Bewältigung und dyadischem Coping. Für Männer ist die Beziehungsdauer negativ verbunden mit aufgabenfokussierter individueller Bewältigung und emotionsfokussierten, emotionalen, dyadischen Coping. Für Frauen korrelieren das Alter und die Beziehungsdauer negativ mit der Beziehungszufriedenheit. Aufgabenorientiertes Coping übt für beide Geschlechter keinen Einfluss auf das individuelle Coping und damit auf die Beziehungszufriedenheit aus. Individuelles Coping zeigt eine große Verbindung zur Beziehungszufriedenheit für beide Geschlechter. Je höher der Grad an emotionsorientiertem Coping, desto weniger Beziehungszufriedenheit erfahren Männer und Frauen. Das umgekehrte Muster zeigte sich für das dyadische Coping. Das dyadische Coping der Männer steht nicht signifikant in Zusammenhang mit der Beziehungszufriedenheit der Frauen, allerdings steht das aufgabenorientierte Coping der Frauen in Zusammenhang mit der Beziehungszufriedenheit für Männer. Die Befunde stützen die Annahmen von Bodenmann (1995) und zeigen keine neuen Aspekte auf.

King & DeLongis (2013) hinterfragten den Zusammenhang von dyadischen Coping und Konflikten in Stieffamilien sowie deren Auswirkung auf die Beziehungszufriedenheit. Die Befunde ergeben, dass ein forderndes und zurückziehendes Verhalten (demand/withdraw) seitens des Mannes sich für beide Geschlechter negativ auf die Beziehungsqualität auswirkt. Es gibt jedoch keinen signifikanten Einfluss auf die Beziehungsqualität der Männer, wenn Frauen dieses Verhalten ausüben, für Frauen zeigt sich jedoch ein signifikanter Effekt. Frauen scheinen damit einen geringeren Einfluss auf die Beziehungsqualität der Männer zu haben. Die Befunde stimmen mit der Theorie von Bodenmann (1995) überein und zeigen neue Aspekte bezüglich des fordernden und zurückziehenden Verhaltens von Ehepartner auf.

Hilpert et al. (2017) untersuchten Stress und Bewältigungsprozesse von Paaren auf der Ebene zwischen als auch innerhalb von Personen. Die Autoren konnten belegen, dass eine höhere Belastung zu einer niedrigeren Beziehungszufriedenheit führt. Die Beziehungszufriedenheit erhöht sich, sofern tendenziell mehr

Unterstützung geboten wird. Für Männer als auch für Frauen zeigt sich ein Puffereffekt in der Verbindung zwischen Stress und Beziehungszufriedenheit, wenn tendenziell mehr Unterstützung angeboten wird. Für die Prozesse innerhalb der Person zeigen sich folgende Befunde: Für Männer bestätigt sich, dass sie unzufriedener mit ihrer Beziehung sind, wenn sie mehr Stress erfahren. Für beide Geschlechter bestätigt sich, dass Personen an Tagen zufriedener sind, an denen sie Unterstützung von ihrem Partner erhielten. Es zeigt sich ein Puffereffekt in der Verbindung zwischen Stress und Beziehungszufriedenheit für Frauen, wenn sie an stressigen Tagen mehr Unterstützung erhielten. Positives dyadisches Coping stellt demnach ein Einflussfaktor dar, der Stress in alltäglichen Situationen durch Unterstützung vermindert und unterstützt die Annahmen von Bodenmann (1995). Es werden keine neuen Aspekte aufgezeigt.

Sim et al. (2017) widmeten sich der Untersuchung des Zusammenhanges von Beziehungszufriedenheit und dyadischen Coping von Paaren, die ein Kind mit einer autistischen Störung aufziehen. Dazu wurden 127 Betreuer aus entsprechenden Familien befragt. Die Befunde ergeben folgendes: Betreuer, die Familien im Alltag helfen, berichten, dass die Beziehungszufriedenheit bei geringer Belastung höher ist. Die Beziehungszufriedenheit steigt, wenn problemorientiertes unterstützendes dyadisches Coping angewendet wird. Die Beziehungszufriedenheit steigt, wenn problemorientiertes gemeinsames dyadisches Coping angewendet wird. Die Zufriedenheit steigt, wenn emotionsbasiertes gemeinsames dyadisches Coping angewendet wird. Negatives dyadisches Coping wirkt sich negativ auf die Beziehungszufriedenheit aus. Zuletzt betonen die Autoren, dass für das delegierte dyadische Coping keine signifikanten Zusammenhänge mit der Beziehungszufriedenheit vorliegen. Die Befunde stützen die Annahmen von Bodenmann (1995). Neue Aspekte werden nicht aufgezeigt.

Breitenstein, Milek, Nussbeck, Davila und Bodenmann (2017) verglichen den Zusammenhang von dyadischem Coping und Beziehungszufriedenheit von spät-adoleszenten Jugendlichen und Erwachsenen. Dazu wurden 96 Erwachsene und 124 spät-adoleszente Jugendliche befragt, die sich für mindestens ein Jahr in einer Beziehung befanden. Die Befunde ergaben, dass eine hohe intradyadische Belastung (zum Beispiel unterschiedliche Ziele, Einstellungen, Werte) bei beiden Gruppen negativ mit der Beziehungszufriedenheit verbunden sind, allerdings ist dies bei Jugendlichen nicht so stark ausgeprägt wie bei Erwachsenen. Extradyadischer Stress führt bei Erwachsene zu erhöhtem intra-dyadischer Stress. Für die Jugendlichen ergab sich dieser Befund nur für eine Untergruppe. Der Grund dafür kann sein, dass

Jugendliche noch nicht zusammen leben und den Stress daher anders verarbeiten als Erwachsene, die zusammen leben. Jugendliche, die nicht zusammen leben, treffen mit geringerer Wahrscheinlichkeit nach einem stressigen Tag auf ihren Partner und können ihre Beziehung daher besser vor Ärger und Stress schützen. Die Befunde zeigen ferner, dass dyadisches Coping stark mit intra-dyadischen Stress und der Beziehungszufriedenheit verbunden ist. Jugendliche sowie Erwachsene, die in stressigen Zeiten weniger dyadisches Coping ihres Partners erfahren zeigen eine geringere Beziehungszufriedenheit. Die Befunde bestätigen die Annahme von Bodenmann (1995) und zeigen neue Aspekte bezüglich der Beziehungsgestaltung junger Menschen auf.

Molgora, Acquati, Fenaroli & Saita (2018) untersuchten die Auswirkung der dyadischen Bewältigung auf die Ehezufriedenheit während der Schwangerschaft von 78 erstgebärenden Paaren anhand der Dyadic Adjustment Scale und der Dyadic Coping Questionnaire. Es werden signifikante Unterschiede innerhalb der Stresskommunikation, der emotionsorientierten Bewältigung und der Wirksamkeit festgestellt. Frauen bewerten sich in ihrer Fähigkeit höher, ihren Stress kommunizieren zu können und bewerten ihren Partner dahingehend niedriger. Ferner zeigen die Selbstberichte der Männer, dass diese mehr als Frauen emotionsbezogene Bewältigungsstrategien zeigen. Die Fähigkeit, selbst Stress an den Partner zu kommunizieren erhöht außerdem die eheliche Zufriedenheit. In Bezug auf die Wirksamkeit wird festgestellt, dass eine höhere Punktzahl in der ehelichen Zufriedenheit in Zusammenhang mit der Bewertung der Effektivität von dyadischen Coping steht. Es wurden keine signifikanten Ergebnisse für problemorientiertes, emotionsorientiertes, delegiertes oder negatives dyadisches Coping berichtet. Die Befunde stützen nur zum Teil die Theorie von Bodenmann (1995) und zeigen keine neuen Aspekte auf.

Im Folgenden werden zwei Studien vorgestellt, welche die Rolle der Emotionen thematisieren. Leuchtmann et al. (2018) analysierten in ihrer Längsschnittstudie, inwiefern die Klarheit der Gefühle (CoF) des Partners Einfluss auf das dyadische Coping nimmt. Es wurden die Hypothesen getestet, ob zwischenmenschliche Unterschiede in CoF vorhersagen, inwiefern zwischenmenschliche Unterschiede beim dyadischen Coping durch den Partner wahrgenommen werden. Weiter wurden prospektive interpersonale Veränderungen untersucht. Die Analyse zeigt, dass interindividuelle Unterschiede bei CoF bei Männern und Frauen positiv mit dem dyadischen Coping in Verbindung stehen. Personen, die über eine größere Kompetenz des CoF verfügen, wurden von ihren Partnern als unterstützender wahrgenommen als Personen mit niedriger Kompetenz. Die Studie bestätigt die Annahme von Bodenmann (1995). Es werden neue Perspektiven bezüglich der Emotionsregulation aufgezeigt.

Rusu, Bodenmann und Kayser (2018) untersuchten die Beziehung zwischen den individuellen Strategien zur Emotionsregulation (CER), dyadischem Coping und Beziehungszufriedenheit. 295 Paare wurden zu ihren Emotionsregulationsstrategien befragt. Der Fokus lag auf vier Subskalen: positive Refokussierung, positive Aufarbeitung, Planung der Neuausrichtung und Relativierung. Weiter wurde die Stressbewältigung und Beziehungszufriedenheit der Paare anhand des Dyadic Coping Inventory und des Couples Satisfaction Index aufgenommen. Die Autoren konnten aufzeigen, dass die CER-Strategie beider Partner einen signifikanten Effekt auf die positive dyadische Bewältigung aufweist. Es konnte zusätzlich belegt werden, dass die CER des Mannes und das dyadische Coping der Frau positiv zusammenhängen. Die CER-Strategien konnten nicht in Zusammenhang mit der eigenen Beziehungszufriedenheit gebracht werden. Für beide Geschlechter belegen die Ergebnisse, dass ein positiver Zusammenhang von positiven dyadischen Coping und der eigenen Beziehungszufriedenheit vorliegt. Die Befunde zeigten weiter, dass lediglich dyadisches Coping von Frauen einen signifikanten Effekt auf die Beziehungszufriedenheit der Männer hat. Für indirekte Effekte konnte belegt werden, dass für beide Geschlechter das positive dyadische Coping jedes Partners mit den eigenen CER und der eigenen Beziehungszufriedenheit verbunden ist. Zusätzlich wurde belegt, dass die CER-Strategien der Frauen einen indirekten Effekt auf die Beziehungszufriedenheit und das dyadische Coping der Frauen nehmen. Die Ergebnisse zeigen demnach, dass die Emotionsregulationsstrategien Einfluss auf das positive dyadische Coping nehmen und somit die Beziehungszufriedenheit indirekt beeinflussen. Die Ergebnisse stützen die Theorie von Bodenmann (1995). Es werden neue Aspekte bezüglich der Emotionsregulation aufgezeigt.

Die vorliegende Studie thematisiert das Konzept der Bindung in Zusammenhang mit dyadischen Coping. Gagliardi et al. (2013) untersuchten die Partnerschaftsqualität und das dyadische Coping in Abhängigkeit von verschiedenen bindungsbezogenen Paartypen. Dem liegen zwei Bindungsdimensionen zugrunde. Die Dimension Vermeidung liegt vor, wenn eine Person der emotionalen Nähe des Partners ausweicht, um dem Unbehagen der Situation auszuweichen. Die Dimension Angst liegt vor, wenn eine Person die Sorge hat, nicht genügend geliebt und verlassen zu werden. Es wurden 304 Paare in drei Partnerschaftstypen eingeordnet: 114 sichere Paare (beide Partner niedrige Werte auf beiden Bindungsdimensionen), 62 ängstlich-vermeidende Paare (beide Partner hohe Werte auf beiden Bindungsdimensionen) und 128 gemischte Paare (ein Partner hohe Werte auf der Dimension Angst und niedrige Werte auf der Dimension Vermeidung, beim anderen Partner ist dies umgekehrt). Sicher gebundene Paare weisen eine höhere Partnerschaftsqualität als gemischte und ängstlich-vermeidende Paare auf, wobei die ängstlich-vermeidenden Paare die niedrigste Partnerschaftsqualität aufweisen. Sicher gebundene Paare wiesen höhere Werte im supportiven dyadischen Coping und niedrigere Werte im negativen dyadischen Coping auf als ängstlich-vermeidende und gemischte Paare. Die Annahmen von Bodenmann (1995) werden teilweise bestätigt. Die Bedeutung der Bindung wird in dieser Studie deutlich und zeigt demnach einen neuen Aspekt auf.

Der folgende Schwerpunkt Liebesstile beinhaltet zwei quantitative Erhebungen. Gagliardi, Bodenmann und Heinrichs (2015) untersuchen in ihrer quantitativen Erhebung, welchen Einfluss die sechs Liebesstile nach Lee (1973, zitiert nach Gagliardi, Bodenmann & Heinrichs, 2015) auf das dyadische Coping nehmen. Am deutlichsten stellte sich heraus, dass die romantischen Liebesstile Eros und Agape am stärksten mit dem dyadischen Coping korrelieren und prädiktiv seien. Der Liebesstil Agape steht lediglich bei Männern in starken Zusammenhang mit dem positiven dyadischen Coping, da Männern eher als Frauen beziehungsorientiert erzogen werden. Ludus korreliert negativ mit dem positiven dyadischen Coping und positiv mit dem negativen dyadischen Coping. Der Liebesstil Pragma stellt sich bei Frauen als prädiktiv für das positive dyadische Coping, bei Männern prädiktiv für das negative dyadische Coping heraus. Männer, die sich auf die Kompatibilität und die gegenseitige Bedürfnisbefriedigung der Partnerin fokussieren, reagieren eher mit negativen Bewältigungsstrategien und nehmen diese auch vermehrt bei der Partnerin wahr. Bei Frauen ist dies umgekehrt. In Bezug auf die Partnerschaftsqualität zeigt sich, dass der Liebesstil Eros mit höherer Partnerschaftszufriedenheit einhergeht. Bei dem Liebesstil Agape und Ludus ergaben sich Geschlechtsunterschiede bezüglich der Partnerschaftszufriedenheit. Bei Männern führt eine hohe Ausprägung des Liebesstils Agape zur höheren Partnerschaftszufriedenheit, bei Frauen geht eine hohe Ausprägung des Liebesstil Ludus mit niedriger Partnerschaftszufriedenheit einher. Die Studie unterstützt die Theorie von Bodenmann und zeigt einen neuen Aspekt der Liebesstile auf, die als Einstellung gewertet werden können.

Vedes et al. (2016) analysierten ebenfalls, welchen Einfluss die Liebesstile nach Lee auf das dyadische Coping nehmen. Dyadisches Coping wird dazu als

Mediatorvariable genutzt. In der Studie wird zwischen supportiven dyadischen Coping (emotions- und problemfokussiertes oder delegiertes Coping) und gemeinsames dyadisches Coping unterschieden. Die Liebesstile Eros, Ludus und Agape korrelieren positiv mit der Beziehungszufriedenheit. Eros und Agape korrelierten ebenfalls positiv mit supportiven und gemeinsamen dyadischen Coping, für Männer galt dies aber nicht für den Liebesstil Ludus. Die Studie konnte belegen, dass dyadisches Coping eine Mediatorvariable im Zusammenhang der Liebestile und der Beziehungszufriedenheit ist. Die Studie unterstützt die Theorie von Bodenmann und zeigt ebenfalls einen neuen Aspekt der Liebesstile auf, die als Einstellung gewertet werden können.

Es werden drei Studien vorgestellt, welche die Thematik der Krankheitsbewältigung beinhalten. Traa, Vries, Bodenmann und Den Oudsten (2015) überprüften den Zusammenhang zwischen dyadischen Coping und Beziehungszufriedenheit anhand eines systematischen Reviews bei Paaren, bei denen ein Partner an Krebs erkrankt ist. Es wurden 33 Studien verglichen. Die Autoren kamen zu dem Ergebnis, dass die Erkrankung an Krebs eine mögliche Bindungswirkung aufweist, indem das Wir-Gefühl gestärkt wird und damit ein verstärkter Zusammenhalt vorliegt. Ferner besteht eine Assoziation zwischen Kommunikationsmuster und Beziehungszufriedenheit, wobei eine konstruktive Kommunikation hilfreich für die Beziehungszufriedenheit ist, während Vermeidung destruktiv ist. Weiter wurde der Zusammenhang zwischen (nicht) unterstützendem und (dys)funktionalen Verhalten untersucht. Verhaltensweisen, die mit der Aufrechterhaltung der Beziehung in Zusammenhang stehen, stehen positiv mit der Beziehungszufriedenheit in Verbindung. Schutzpufferung wiederrum verringert die Beziehungszufriedenheit. Darüber hinaus wurde untersucht, ob es einen Zusammenhang zwischen dyadischen Coping und der Beziehungszufriedenheit gibt. Dieser konnte bestätigt werden. Gemeinsames dyadisches Coping steht im positiven Zusammenhang mit einer höheren Beziehungszufriedenheit, während negatives gemeinsames dyadisches Coping negativ mit der Beziehungszufriedenheit in Verbindung steht. Es konnte ferner belegt werden, dass eine erfolgreiche Durchführung von Interventionen bei Ehepaaren zu einer höheren Beziehungszufriedenheit führen. Die Theorie von Bodenmann (1995) wird unterstützt. Es werden keine neuen Aspekte aufgezeigt.

Witkosvky und Braakmann (2015) werteten in ihrer quantitativen Querschnittstudie die Bedeutung partnerschaftlicher Stressbewältigung für die Beziehungsqualität und die posttraumatische Symptomausprägung aus. Untersucht wurde, ob positiv dyadisches Coping bei gleichzeitiger geringer Nutzung von negativen dyadischen Coping Einfluss auf die Partnerschaftsqualität und auf die posttraumatische Symptomausprägung nimmt. Dazu wurden 31 Paare anhand von Selbst- und Fremdeinschätzungsinstrumenten bezüglich des individuellen und dyadischen Copings, der Partnerschaftsqualität und der PTBS-Symptome befragt. Mindestens ein Partner befand sich zu dem Zeitpunkt in psychotherapeutischer Behandlung und erfüllt die Kriterien nach DSM-IV. Die Befunde zeigen, dass supportives dyadisches Coping aus der Sicht der PTBS-Betroffenen (Selbst- und Fremdeinschätzung) und der Partner (Fremdeinschätzung) signifikant in positivem Zusammenhang mit der Partnerschaftsqualität steht. Ein positiver Zusammenhang besteht ebenfalls zwischen dem delegierten Coping und der Partnerschaftsqualität (Fremdeinschätzung). Die deutlichsten Ergebnisse zeigen sich zwischen dem gemeinsamen dyadischen Coping und der Partnerschaftsqualität. Negatives dyadisches Coping steht in einem negativen Zusammenhang mit der Partnerschaftsqualität und erwartungsgemäß ist die Symptomausprägung dabei hoch. Zu berücksichtigen ist, dass sich die PTBS-Betroffenen zum Erhebungszeitpunkt in unterschiedlichen Psychotherapiestadien befanden, was sich auf die Copingstrategien ausgewirkt haben könnte. Die Befunde decken sich mit den Ansätzen des dyadischen Copings von Bodenmann (1995). Die Studie zeigt keine neuen Aspekte auf.

Helgeson, Jakubiak, Seltman, Hausmann und Korytkowski (2017) untersuchten die implizite und explizite Bewältigung von Stress bei Paaren, bei denen vor kurzem bei einem Partner Diabetes Typ 2 diagnostiziert wurde. Ausgewertet wurden Patientenberichte bezüglich der erhaltenen Unterstützung, Selbst-Pflege und des psychischen Stresses beider Partner. Die Befunde ergeben, dass insbesondere explizites positives dyadisches Coping in Zusammenhang mit einer höheren Beziehungszufriedenheit steht. Explizites gemeinschaftliches Coping führt zu höherer Beziehungszufriedenheit und mehr Unterstützung. Der Stress beim Partner wurde reduziert, allerdings nicht beim Krebserkrankten. Der Patientenstress wurde durch implizites gemeinschaftliches Coping reduziert und führte zu einer besseren Selbst-Pflege. Krebs-Patienten profitieren demnach von gemeinsamen dyadischen Coping, das nicht offensichtlich ist. Die Befunde stützen die Annahme von Bodenmann (1995) und zeigen keine neuen Aspekte auf.

5.3 Themenschwerpunkt: Resilienz-Modell der Paarbeziehung

Im Folgenden werden vier Studien vorgestellt, die sich nicht in die ersten beiden Theorien einordnen lassen. Die Studien können aufgrund der großen Brandbreite des Resilienz-Modells der Paarbeziehung eingeordnet werden.

Wieser et al. (2016) untersuchten den Zusammenhang zwischen psychischen Störungen und der Beziehungsqualität und die Auswirkungen der Erkrankung auf die Paarbeziehung. Untersucht wurden 104 Paare, darunter 23 Paare mit einem depressiven Partner, 32 Paare mit einem manisch-depressiven Partner und 49 gesunde Paare als Vergleichsgruppe. Die Autoren stellten fest, dass die Beziehungsqualität und Beziehungsstabilität bei beiden Patientengruppen niedriger ausfällt. Es wurden keine Unterschiede zwischen den Patientengruppen festgestellt. Die Gruppen mit psychischen Erkrankungen berichteten über mehr Konflikte bei Themen wie der Einteilung des monatlichen Einkommens, der Haushaltsführung, Kindererziehung und Aspekten der Zuwendung. Letzteres fällt besonders bei manisch-depressiven Personen und deren Partnern problematischer aus. Dagegen zeigte sich ein niedrigerer Wert bei Konflikten im Bereich Vertrauen, Eifersucht und Gewährung von Freiheiten. Manisch-depressive Personen und deren Partner zeigten für den Bereich der Kommunikation und der gemeinsamen Gespräche als auch für den Umgang mit Alkohol/Medikamenten/Drogen erhöhte Konfliktwerte. Im Gegensatz dazu fanden die Autoren höhere Konfliktwerte bei depressiven Personen und ihren Partnern für den Bereich der Forderungen des Partners. Darüber hinaus ergab die Studie, dass gesunde Probanden mehr Zärtlichkeit, eine bessere Kommunikation und mehr Gesamtheit aufweisen als erkrankte Probanden. Die Befunde stützen das Resilienz-Modell der Paarbeziehung (Lösel & Bender, 1998) und zeigen keine neuen Perspektiven auf.

Stroud, Durbin, Saigal & Knobloch-Fedders (2010) analysierten den Zusammenhang zwischen der Beziehungszufriedenheit und normalen und ungewöhnlichen Ausprägungen der Persönlichkeitsmerkmale Extraversion, Neurotizismus und Zwang und deren Komponenten. Es konnten Zusammenhänge zwischen Beziehungszufriedenheit und den Persönlichkeitsmerkmalen als auch Unterschiede zwischen den Persönlichkeitsmerkmalen festgestellt werden. Neurotizismus beeinflusst die Beziehungszufriedenheit negativ, insbesondere die Komponenten der Stressreaktion, Distanzierung, Aggression, Verträglichkeit und Manipulation. Ein hoher Wert des Persönlichkeitsmerkmals Extraversion geht mit einer höheren Beziehungszufriedenheit einher. Die Komponenten soziale Nähe und Wohlbefinden beeinflussen die Beziehungszufriedenheit positiv. Dominanz hingegen steht negativ im Zusammenhang mit der Beziehungszufriedenheit. Das Persönlichkeitsmerkmal Zwang zeigt in normalen Ausprägungen keinen Effekt auf die Beziehungszufriedenheit. Eine hohe Ausprägung der Komponenten Korrektheit und Impulsivität vermindern allerdings die Beziehungszufriedenheit. Darüber hinaus nehmen am stärksten die Komponenten des paranoiden und schizophrenen Persönlichkeitsmerkmals negativ Einfluss auf die Beziehungszufriedenheit. Die Studie stützt das Resilienz-Modell der Paarbeziehung dahingehend, dass personale Ressourcen (Persönlichkeitsmerkmale) Einfluss auf die Beziehungsqualität nimmt. Es werden keine neuen Aspekte aufgezeigt.

Kellas, Carr, Horstmann und Dilillo (2017) widmeten sich der Untersuchung des Zusammenhangs der Perspektivübernahme und des psychischen Wohlbefindens während Konflikten. Anhand eines Beobachtungs- und Kodierverfahrens werteten die Autoren Konfliktgespräche aus und teilten das Interaktionsverhalten in sechs Kategorien, mit je einer positiven und negativen Ausprägung, ein. Ein positiver Zusammenhang wurde zwischen den Interaktionsverhalten Zustimmung, Aufmerksamkeit, Harmonie, positiver Verhaltensweisen, Freiheiten in Geschichtenerzählen und der Beziehungszufriedenheit gefunden. Ein negativer Zusammenhang wurde zwischen den gegenteiligem Interaktionsverhalten, Meinungsverschiedenheit, Unaufmerksamkeit, irrelevante Zuwendung, Disharmonie, negativen Verhaltensweisen und Einschränkungen in Geschichtenerzählen gefunden. Die Perspektivübernahme steht in keinem Zusammenhang mit dem psychischen Wohlbefinden. Die Ergebnisse können dahingehend eingeordnet werden, dass die Perspektivübernahme eine soziale Kompetenz darstellt. Das Modell der Paarbeziehung (Lösel & Bender, 1998) wird somit unterstützt. Es werden keine neuen Aspekte aufgezeigt.

Sánchez, Muñoz-Fernández und Ortega-Ruiz (2017) hinterfragten den Zusammenhang von Online-Kommunikation und der Beziehungszufriedenheit. 431 Personen wurden zu ihrer Online-Intimität, Kontrolle, Eifersucht, Aufdringlichkeit, Cyber-Dating-Verhalten und Kommunikationsstrategien befragt. Die Autoren kamen zu dem Ergebnis, dass emotionale Kommunikationsstrategien (Manipulation, Kontrolle) und Cyber-Dating-Verhalten (Kontaktaufnahme und Flirten mit anderen Personen) negativ mit der Beziehungszufriedenheit korrelieren. Die Beziehungslänge, Online-Intimität (gemeinsame Zeit online verbringen) und Aufdringlichkeit (Kontaktaufnahme nach Konflikt) stehen im positiven Zusammenhang mit der Beziehungszufriedenheit. Ferner fanden sie heraus, dass geschlechtsspezifische Unterschiede vorhanden sind. Je mehr Kommunikationsstrategien Männer online verwendeten, desto geringer sei ihre Beziehungszufriedenheit. Die Befunde lassen sich in das Resilienz-Modell der Paarbeziehung (Lösel & Bender, 1998) innerhalb des Interaktionsverhaltens einordnen und stützen das Modell hinsichtlich des Interaktionsverhaltens. Es werden bezüglich der Online-Kommunikation neue Aspekte aufgezeigt.

6 Diskussion

Von den vorgestellten 31 Studien, die in den letzten 10 Jahren veröffentlicht wurden und relevant für die vorliegende Arbeit sind, widerspricht keine grundlegend den Theorien und Modellen. In allen Studien bestätigen sich die Annahmen des dyadischen Copings nach Bodenmann (1995), teilweise der Theorie der ehelichen Stabilität von Gottman (1994) und des Resilienz-Modells der Paarbeziehung nach Lösel und Bender (1998).

Die vorliegenden Studien beinhalten allesamt das Konstrukt der Beziehungszufriedenheit. Es wurde festgestellt, dass alle Studien sich mit heterosexuellen Paaren befassen, die in einer aktuellen monogamen Beziehung oder verheiratet waren. Keine der Studien bezog sich auf eine andere Form der Beziehungsgestaltung, insbesondere nicht auf die von homosexuellen Paaren. Hauptsächlich bezogen sich die Studien auf die Aspekte des Kommunikations- und Interaktionsverhalten, Coping-Verhalten und Einflussfaktoren, die auf die Konfliktbewältigung wirken. Insbesondere die Verhaltensweisen Vermeidung, Missachtung, Kritik, Mauern, Zurückhaltung und das Verhaltensmuster Forderung/Rückzug steht negativ im Zusammenhang mit der Beziehungszufriedenheit und wirkt sich demnach negativ auf die Beziehungsstabilität aus. Anzumerken ist, dass die Theorien und Konzepte sich inhaltlich in einigen Aspekten überschneiden. Nachfolgend sollen diese gemeinsam diskutiert werden. In Tabelle 4 ist eine Übersicht der Verhaltensweisen dargestellt, die sich positiv oder negativ auf die Beziehungsqualität auswirken und sich mit den Konzepten der vorgestellten Theorien überschneiden. Das Kommunikations- und Interaktionsverhalten, welches von Gottman (1998) in „vier apokalyptische Reiter" kategorisiert wurde, überschneidet sich teilweise konzeptuell mit dem Verhalten des dyadischen Copings nach Bodenmann (1995). Die Verhaltensweisen Kritik und Verachtung (Gottmann, 1994) lassen sich in das hostile dyadische Coping (Bodenmann, 1995) einordnen. Ferner beinhaltet das Resilienzmodell der Paarbeziehungen die Theorie der ehelichen Stabilität nach Gottman (1994) und das systematisch-transaktionale Stress-Coping-Konzept von Bodenmann (1995) als Variable zwischen den Einflussfaktoren der personalen Ressourcen, kognitiv-emotionale Regulation, soziale Ressourcen, externe Variablen und der daraus resultierenden Qualität und Stabilität der Beziehung. In Tabelle 5 sind die Überlegungen zu den Inferenzen dargelegt.

Zusammenfassend lässt sich folgende Aussagen treffen: Keine der Studien replizierte Gottmans (1994) Verhältnis von positiven und negativen Interaktionsverhalten von 5:1. Lediglich die Studie von Bertoni und Bodenmann (2010) konnte diesen

Befund replizieren, allerdings mit einem anderen Verhältnis. Ebenso gilt dies für das Kaskadenmodell, wonach die Paare die vier beziehungsweise fünf apokalyptischen Reiter in einer Stufenabfolge durchlaufen. Es lässt sich jedoch in allen Studien bestätigen, dass sich eine höhere Rate an positiven Interaktionen positiv auf die Beziehungszufriedenheit auswirkt. Alle Studien bestätigen, wenn auch nur zum Teil, die Theorie des systematisch-transaktionalen Stress-Coping-Konzepts von Bodenmann (1995). Wie in der Kritik erläutert, fehlt nach wie vor der Beleg, unter welchen Parametern die Stresskumulation erfolgt. Keine der Studien bestätigt die Funktion des dyadischen Copings. Es lässt sich dennoch festhalten, dass die Theorie insgesamt gut bestätigt werden konnte und in der Literatur oft repliziert wurde. Positives und negatives dyadisches Coping steht in engen Zusammenhang mit der Beziehungszufriedenheit. Im Verweis auf das Resilienzmodell der Paarbeziehung (Lösel & Bender, 1998) werden konnten nur wenige Studien aufgenommen werden. Aufgrund der Schwierigkeit, das Modell empirisch zu prüfen, ergibt sich die Herausforderung, geeignete Studien zu finden, welche alle Felder und Bedingungen des Modells abdecken. Es wurden vier Studien aufgeführt, die allesamt das Modell stützen. Ferner sind die erstgenannten Theorien in dem Modell involviert, sodass die dazugehörigen Studien ebenfalls als Bestätigung des Modells angesehen werden können. Das Modell stellt einen integrativen Ansatz dar, um verschiedene Komponenten der Konfliktbewältigung abzudecken und zu integrieren.

6.1 Neue Aspekte und Forschungsanregungen

Sechs Studien, die sich auf die Theorie der ehelichen Stabilität nach Gottman (1994) beziehen, zeigen neue Blickwinkel auf, die in der Theorie nicht berücksichtigt wurden. Dazu zählen die Aspekte emotionale Intelligenz, Regulationsmechanismus, Funktionalität, Wirkrichtung, Beziehungsdauer und kulturspezifische Unterschiede.

Smith, Ciarrochi und Heaven (2008) belegten, dass die emotionale Intelligenz einen stabilen Effekt auf die Beziehungszufriedenheit aufweist. Von Interesse ist, ob die emotionale Intelligenz einen positiven Effekt auf die Konfliktbewältigung hat, da Personen mit höherer emotionaler Intelligenz vermutlich empathischer reagieren und sich besser in den Partner einfühlen können. Dieser Aspekt wurde in der Theorie des systematisch-transaktionales Stress-Coping-Konzepts (Bodenmann, 1995) und im Resilienz-Modell der Paarbeziehung (Lösel & Bender, 1998) berücksichtigt.

Overall, Fletcher, Simpson und Sibley (2009) kam in ihrer Studie zu dem Ergebnis, dass es einen Mechanismus der Regulation geben könnte, der beeinflusst, inwiefern engagierte Strategien erfolgreich eine gewünschte Veränderung beim Partner bewirken. Die Wahrnehmung zwischen dem Partner, der sich eine Veränderung wünscht und dem Partner, der von der Veränderung betroffen ist, sei demnach unterschiedlich und wirkt sich verschieden auf die Wahrnehmung und Attribution innerhalb der Paarbeziehung aus.

Donato, Parise, Pagani, Bertoni und Iafrate (2014) beleuchteten den Zusammenhang des Konfliktverhaltens Forderung/Rückzug („demand-withdraw"), der Beziehungszufriedenheit und der Beziehungsdauer. Ehepaare, deren Ehen lange andauern, verwenden ebenso Muster Kritik (criticize) und Mauern (stonewalling). Dieses Verhaltensmuster kann die Funktion haben, dem Partner Raum und Zeit zu geben, sich seinen Gefühlen klar zu werden oder die Konfliktsituation zu verarbeiten. In den aufgezählten Studien wird das Verhaltensmuster lediglich als negativ für die Beziehungsqualität eingestuft.

Lavner, Karney und Bradbury (2016) werteten aus, dass Paare, die mit ihrer Beziehung zufrieden seien, positiver und effektiver kommunizieren und weniger negative Verhaltensweisen zeigen. Für negative Verhaltensweisen gilt der gleiche Zusammenhang: Paare, die unzufrieden sind, zeigen mehr negative und weniger positive Verhaltensweisen und sind ineffektiver in ihrer Kommunikation. Der Befund steht im Kontrast zu Gottmans (1994) Annahme, dass das Interaktionsverhalten die Beziehungszufriedenheit beeinflusst und zeigt eine andere Wirkrichtung des Interaktionsverhaltens.

Hooper, Spann, McCray und Kimberly (2017) berücksichtigten die kulturspezifischen Unterschiede zwischen Afroamerikanern und Kaukasiern. Die Befunde ergeben, dass kulturspezifische Unterschiede vorhanden sind, welche berücksichtigt werden müssen. Ebenfalls nicht in der Theorie von Gottman (1994) ist der Einfluss der Beziehungsdauer, welcher in der Studie einen positiven Effekt auf die Beziehungszufriedenheit vorweist. Die Theorie der ehelichen Stabilität von Gottman (1994) konnte bezüglich des Zusammenhangs von Interaktionsverhalten und Beziehungsqualität und Beziehungsstabilität bestätigt werden.

Sieben Studien, die sich auf das systematisch-transaktionale Stress-Coping-Konzept nach Bodenmann (1995) beziehen, zeigen neue Aspekte auf, die in der Theorie nicht berücksichtigt wurden. Dazu zählen die Aspekte des positiven und negativen

Interaktionsverhaltens, das Verhaltensmuster Forderung und Rückzug, Altersunterschiede, Emotionsregulation, Bindung und Liebesstile.

Nussbeck, Hilpert und Bodenmann (2012) zeigten in ihrer Untersuchung dahingehend neue Aspekte auf, dass positives und negatives Interaktionsverhalten stark mit dem dyadischen Coping zusammenhängen und sich gegenseitig beeinflussen beziehungsweise Einfluss auf das dyadische Coping nehmen. Dyadisches Coping kann demnach negative Verhaltensweisen abfangen. Die Negativität in Paarbeziehungen wird somit durch Positivität ausgeglichen. Ähnliche Befunde konnten bereits Bodenmann (2004) und Cutrona (1996) vorlegen (zitiert nach Nussbeck, Hilpert & Bodenmann, 2012).

King und DeLongis (2013) zeigten ebenfalls, dass sich negatives Verhalten ungünstig auf die Beziehungszufriedenheit auswirken. Sie belegen den Zusammenhang von dyadischen Coping und dem Verhaltensmuster Forderung/Rückzug. Zuvor konnten DeLongis, Capreol, Holtzman, O'Brien und Campbell (2004) belegen, dass Paare, die keine soziale Unterstützung des Partners erhielten, tags darauf negative Affekte aufwiesen. Marin, Holtzman, DeLongis & Robinson (2007) kamen zu ähnlichen Befunden und belegten, dass positives Verhalten des Partners verbunden war mit einer geringeren Rate an maladaptiven Bewältigungsstrategien und einer höheren Bereitschaft zur kognitiven Umstrukturierung.

Breitenstein, Milek, Nussbeck, Davila und Bodenmann (2017) zeigten neue Aspekte bezüglich der Beziehungsgestaltung junger Menschen auf, die in der Theorie von Bodenmann (1995) nicht aufgegriffen wurde. Jüngere Paare zeigen demnach andere Verhaltensmuster und verfügen über andere Stressbewältigung als ältere Paare.

Randall und Bodenmann (2009) konnten belegen, dass unterschiedliche Ziele, Bedürfnisse, Einstellungen und Wünsche ein Stressfaktor in Paarbeziehungen von Erwachsenen darstellt. Für Erwachsene stellt der Erhalt von positiven dyadischen Coping ein Symbol für das Investment in die Paarbeziehung als auch Gefühle von Vertrauen und Wir-Sein dar, welches besonders wichtig erscheint (Bodenmann, Pihet & Kayser, 2006). Jüngere Paare zeigen demnach andere Bedürfnisse.

Rusu, Bodenmann und Kayser (2018) belegten den Einfluss der individuellen Strategien zur Emotionsregulation auf das dyadische Coping und der Beziehungszufriedenheit. Die individuellen Strategien zur Emotionsregulation nehmen Einfluss auf das dyadische Coping und beeinflussen demnach die Beziehungszufriedenheit. Weitere Studien konnten diesen Zusammenhang belegen (Bloch, Haase &

Levenson, 2014; Zeidner, Kloda & Matthews, 2013). Es bedarf hierzu dennoch weiterer Forschungen (Rusu, Bodenmann & Kayser, 2018).

Gagliardi et al. (2013) belegten den Einfluss des Bindungsstils auf das dyadische Coping. Die in der Kindheit erlebten Bindungserfahrungen beeinflussen demnach die Reaktion auf Belastungen in der Partnerschaft. Diese Facette sollte berücksichtigt werden, da die Bindung eine wichtige Grundlage für zwischenmenschliche Beziehungen darstellt und das dyadische Coping beeinflusst. Weitere Studien belegen diesen Zusammenhang (Ben-Ari & Lavee, 2005; Kirkpatrick & Davis, 1994).

Gagliardi, Bodenmann und Heinrichs (2015) belegten, dass in Abhängigkeit der sechs Liebesstile Unterschiede im dyadischen Coping vorhanden sind. Die verschiedenen Liebesstile können als Einstellungen gewertet werden, die demnach Einfluss auf das Verhalten in der Paarbeziehung nehmen. Vedes et al. (2016) konnte dies ebenfalls belegen. In Abhängigkeit der Liebesstile verändert sich die Bereitschaft, dyadisches Coping zu gewähren.

Für das Resilienz-Modell der Paarbeziehung (Lösel & Bender, 1998) konnte ein neuer Aspekt aufgezeigt werden, der bisher in dem Modell nicht berücksichtigt wurde. Sánchez, Muñoz-Fernández und Ortega-Ruiz konnten 2017 mit ihrer Studie belegen, dass die Beziehungszufriedenheit durch die Online-Interaktion von Paaren beeinflusst wird. Weitere Studien konnten belegen, dass Personen, die online ein wiederholendes, aufdringliches Verhalten zeigen, um Kontakt herzustellen und zu kommunizieren, dieses Verhalten ebenso offline zeigen (Spitzberg & Hoobler, 2002; Strawhun, Adams & Huss, 2013). Da die Kommunikationstechnologie einen immer größeren Anteil im Alltag von – besonders jungen – Paaren darstellt, darf dieser Aspekt nicht unberücksichtigt bleiben.

6.2 Limitationen und Stärken

Kritisch anzumerken ist, dass bei den Studien zumeist kleine Stichproben verwendet wurden, die keine Generalisierbarkeit zulassen und die Aussagen somit einschränken. Die Studien wurden allesamt durch Fragebogenverfahren und Verhaltensbeobachtungen durchgeführt, wodurch die Gütekriterien der Studien eingeschränkt werden. Insbesondere Verzerrungstendenzen können bei Fragebogenverfahren und retrospektiven Befragungen Einfluss auf die Ergebnisse nehmen. Ebenfalls sollte berücksichtigt werden, dass bei Verhaltensbeobachtungen Beobachtungs- und Beurteilungsfehler auftreten können. Darüber hinaus ist zu berücksichtigen, dass die Autoren der Studien teilweise unterschiedliche Fragebogen und Kodierverfahren innerhalb der Studien verwendeten.

Ferner konnte bei dem Resilienzmodell der Paarbeziehung nicht auf Originaldaten zurückgegriffen werden. Basierend auf dem rein theoretischen Abgleich der Theorie der ehelichen Stabilität (Gottman, 1994), des systematisch-transaktionalem Stress-Coping-Konzept (Bodenmann, 1995) und des Resilienzmodell der Paarbeziehung (Lösel & Bender, 1998) mit den vorgestellten Studien ist die vorliegende Arbeit eingeschränkt, da diese einer empirischen Überprüfung nicht stand hält. Um die anspruchsvolle Fragestellung abschließend und vollumfänglich beantworten zu können, ist es notwendig, unterschiedliche Szenarien der Konfliktbewältigung zu erproben. Der theoretische Ansatz ersetzt keine empirischen Aussagen, da es sich um einen Abgleich von theoretischen Inhalten handelt. Darüber hinaus kann aufgrund der Datenmenge und der Einschränkungen durch den Rahmen der Bachelor-Arbeit kein vollumfänglicher Vergleich vorgenommen werden, der der Tiefe des Themas gerecht wird. Dennoch lässt sich aufgrund des systematischen Vorgehens des Literatur-Reviews die Fragestellung vorab beantworten.

6.3 Fazit

Alle herangezogenen Studien stützen, wenn auch einige nur teilweise, die vorgestellten Modelle. Keines der Studien widerspricht den Modellen. Der Einfluss von verschiedenen positiven und negativen Verhaltensweisen und des dyadischen Copings konnten belegt werden und stützen die Annahmen, dass die Konfliktbewältigung in Paarbeziehungen durch verschiedene Faktoren beeinflusst wird. Diverse Einflussfaktoren, die auf das dyadische Coping und Kommunikations- und Interaktionsverhalten wirken, können in der vorliegenden Arbeit aufgrund der Einschränkungen durch den Rahmen der Bachelor-Arbeit nicht bestätigt werden. Es lässt sich aber bestätigen, dass das dyadische Coping als auch verschiedene positive und negative Verhaltensweisen die Konfliktbewältigung innerhalb der Paarbeziehung beeinflussen. Das Interaktionsverhalten und das Gewähren von Unterstützung in Form des dyadischen Copings beeinflusst demnach die Beziehungszufriedenheit und damit die Beziehungsstabilität, wobei nach wie vor weitere Einflussfaktoren berücksichtigt werden müssen.

Abschließend lässt bezüglich der Aktualität der Theorien festhalten: Das systematisch-transaktionale Stress-Coping-Konzept (Bodenmann, 1995) und das Resilienz-Modell der Paarbeziehung sind durchaus aktuell. Die Theorie der ehelichen Stabilität (Gottman, 1994) stellte eine Grundlage für das Interaktions- und

Kommunikationsverhalten innerhalb der Paarbeziehung dar, vernachlässigt allerdings wichtige Einflussfaktoren und kann demnach nicht mehr als aktuell bezeichnet werden. Lediglich die Erkenntnis, dass die Beziehungsqualität und demnach die Beziehungsstabilität durch ein bestimmten Verhältnis von positiven und negativen Verhaltensweisen beeinflusst wird, weist weiter Aktualität auf.

Das Resilienz-Modell der Paarbeziehung (Lösel & Bender, 1998) stellt einen guten integrativen Ansatz dar, der alle Komponenten der Konfliktbewältigung innerhalb einer Paarbeziehung einschließt, insbesondere das Coping-Verhalten sowie das Kommunikations- und Interaktionsverhalten sowie deren Einflussfaktoren. Studien zu weiteren Einflussfaktoren, besonders zu dem Resilienz-Modell der Paarbeziehung (Lösel & Bender, 1998) sind notwendig.

Literaturverzeichnis

Acitelli, L. K., Douvan, E. & Veroff, J. (1993). Perceptions of Conflict in the First Year of Marriage: How Important are Similarity and Understanding? *Journal of Social and Personal Relationships, 10* (1), 5-19. https://doi.org/10.1177%2F0265407593101001

Arránz Becker, O. (2008). *Was hält Partnerschaften zusammen? Psychologische und soziologische Erklärungsansätze zum Erfolg von Paarbeziehungen.* Wiesbaden: VS Verlag für Sozialwissenschaften / GWV Fachverlage GmbH Wiesbaden.

Asendorpf, J. & Banse, R. (2000). *Psychologie der Beziehung*. Bern: Huber.

Attridge, M. & Berscheid (1994). Entitlement in Romantic Relationships in the United States. In M. J. Lerner (Hrsg.), *Entitlement and the affectional bond. Justice in close relationships* (Critical issues in social justice, S. 117-147). New York, NY: Plenum Press.

Baxter, L. A. (1986). Gender differences in the hetero-sexual relationship rules embedded in break-up accounts. *Journal of Social and Personal Relationships, 3* (3), 289-306. https://doi.org/10.1177%2F0265407586033003

Beach, S. R. & O'Leary, K. D. (1993). Dysphoria and marital discord: are dysphoric individuals at risk for marital maladjustment? *Journal of marital and family therapy, 19* (4), 355-368. http://psycnet.apa.org/doi/10.1111/j.1752-0606.1993.tb00998.x

Ben-Ari, A. & Lavee, Y. (2005). Dyadic characteristics of individual attributes: attachment, neuroticism, and their relation to marital quality and closeness. *The American journal of orthopsychiatry, 75* (4), 621-631. https://doi.org/10.1037/0002-9432.75.4.621

Berscheid, E., Snyder, M. & Omoto, A. M. (1989). The Relationship Closeness Inventory: Assessing the closeness of interpersonal relationships. *Journal of Personality and Social Psychology, 57* (5), 792-807. http://psycnet.apa.org/doi/10.1037/0022-3514.57.5.792

Bertoni, A. & Bodenmann, G. (2010). Satisfied and Dissatisfied Couples. *European Psychologist, 15* (3), 175-184. http://psycnet.apa.org/doi/10.1027/1016-9040/a000015

Bierhoff, H.-W. & Grau, I. (1999). *Romantische Beziehungen. Bindung, Liebe, Partnerschaft* (1. Aufl.). Bern: Huber.

Binstock, G. & Thornton, A. (2003). Separations, Reconciliations, and Living Apart in Cohabiting and Marital Unions. *Journal of Marriage and Family, 65* (2), 432-443. https://doi.org/10.1111/j.1741-3737.2003.00432.x

Bloch, L., Haase, C. M. & Levenson, R. W. (2014). Emotion regulation predicts marital satisfaction: more than a wives' tale. *Emotion (Washington, D.C.), 14* (1), 130-144. http://psycnet.apa.org/doi/10.1037/a0034272

Bodenmann, G. (1995). *Bewältigung von Stress in Partnerschaften. Der Einfluss von Belastungen auf die Qualität und Stabilität von Paarbeziehungen* (Bd. 2). Freiburg, Schweiz: Univ.-Verl.; Huber.

Bodenmann, G. (1996). Können wir vorhersagen, welche Ehen scheidungsgefährdet sind? In G. Bodenmann (Hrsg.), *Scheidung und ihre Folgen. Le divorce et ses conséquences* (Freiburger Beiträge zur Familienforschung, Bd. 4, S. 76-98). Freiburg, Schweiz: Univ.-Verl.

Bodenmann, G. (2000). *Stress und Coping bei Paaren*. Göttingen: Hogrefe Verl. für Psychologie.

Bodenmann, G. (2012). *Verhaltenstherapie mit Paaren. Ein bewältigungsorientierter Ansatz* (2.Aufl.). Bern: Huber.

Bodenmann, G. (2013). *Lehrbuch Klinische Paar- und Familienpsychologie* (1. Aufl.). Bern: Huber.

Bodenmann, G. & Cina, A. (1999). Der Einfluß von Streß, individueller Belastungsbewältigung und dyadischen Coping auf die Partnerschaftsstabilität: Eine 4-Jahres Längsschnittstudie. *Zeitschrift für klinische Psychologie, 28,* 130-139. https://doi.org/10.1026//0084-5345.28.2.130

Bodenmann, G., Perrez, M. & Gottmann, J. M. (1996). Die Bedeutung des intrapsychischen Copings für die dyadische Interaktion unter Stress. *Zeitschrift für klinische Psychologie, 25* (1), 1-13.

Bodenmann, G., Pihet, S. & Kayser, K. (2006). The relationship between dyadic coping and marital quality: a 2-year longitudinal study. *Journal of family psychology, 20* (3), 485-493.

Booth, A., Johnson, D. & Edwards, J. N. (1983). Measuring Marital Instability. *Journal of Marriage and the Family, 45* (2), 387.
http://psycnet.apa.org/doi/10.2307/351516

Bradbury, T. N. & Fincham, F. D. (1990). Attribution in Marriage: Review and Critique. *Psychological Bulletin, 107* (1), 3-33.
http://psycnet.apa.org/doi/10.1037/0033-2909.107.1.3

Brandtstädter, J. & Felser, G. (2003). *Entwicklung in Partnerschaften. Risiken und Ressourcen* (1. Aufl.). Bern: Huber.

Breitenstein, C. J., Milek, A., Nussbeck, F., Davila, J. & Bodenmann, G. (2017). Stress, dyadic coping, and relationship satisfaction in late adolescent couples. *Journal of Social and Personal Relationships, 35* (5), 770-790.
https://doi.org./10.1177/0265407517698049

Brüderl, J. & Engelhardt, H. (1997). Trennung oder Scheidung? Einige methodologische Überlegungen zur Definition von Eheauflösungen. *Soziale Welt, 48(3), 277-289.*

Coan, J. A. & Gottman, J. M. (2007). The Specific Affect Coding System (SPAFF). In J. A. Coan & J. J. B. Allen (Hrsg.), *Handbook of Emotion Elicitation and Assessment* (S. 267-285).

Counts, R. M. & Sacks, A. (1991). Profiles of the Divorce Prone. *Journal of Divorce & Remarriage, 15* (1-2), 51-74.
http://psycnet.apa.org/doi/10.1300/J087v15n01_05

Cox, C. L., Lange, van, P.A.M., Rusbult, C. E., Drigotas, S. M., Arriaga, X. B. & Witcher, B. S. (1997). Willingness to Sacrifice in Close Relationships. *Journal of Personality and Social Psychology,* (Vol. 72), pp. 1373-1395.
http://psycnet.apa.org/doi/10.1037/0022-3514.72.6.1373

Donato, S., Parise, M., Pagani, A. F., Bertoni, A. & Iafrate, R. (2014). Demand-withdraw, Couple Satisfaction and Relationship Duration. *Procedia - Social and Behavioral Sciences, 140,* 200-206.
https://doi.org/10.1016/j.sbspro.2014.04.410

Dryer, D. C. & Horowitz, L. M. (1997). When do opposites attract? Interpersonal complementarity versus similarity. *Journal of Personality and Social Psychology, 72* (3), 592-603. http://psycnet.apa.org/doi/10.1037/0022-3514.72.3.592

Felser, G. (2003). Wahrnehmung und Kognitionen in Partnerschaften. In I. Grau & H.-W. Bierhoff (Hrsg.), *Sozialpsychologie der Partnerschaft* (S. 344-376). Berlin: Springer.

Felser, G., Schmitz, U. & Brandtstädter, J. (1998). Stabilität und Qualität von Partnerschaften: Risiken und Ressourcen. In K. Hahlweg (Hrsg.), *Prävention von Trennung und Scheidung. Internationale Ansätze zur Prädiktion und Prävention von Beziehungsstörungen* (Bd. 151, S. 83-104). Stuttgart: Kohlhammer.

Gagliardi, S., Bodenmann, G. & Heinrichs, N. (2015). Dyadisches Coping und Partnerschaftszufriedenheit bei verschiedenen Liebesstilen. *Zeitschrift für Familienforschung, 27* (1), 105-121. http://nbn-resolving.de/urn:nbn:de:0168-

Gagliardi, S., Bodenmann, G., Heinrichs, N., Maria Bertoni, A., Iafrate, R. & Donato, S. (2013). Unterschiede in der Partnerschaftsqualität und im dyadischen Coping bei verschiedenen bindungsbezogenen Paartypen. *Psychotherapie, Psychosomatik, medizinische Psychologie, 63* (5), 185-192.

Glasl, F. (2013). *Konfliktmanagement. Ein Handbuch für Führungskräfte, Beraterinnen und Berater* (11. Aufl.). Bern: Haupt.

Gottman, J. M. (1994). *What predicts divorce? The relationship between marital processes and marital outcomes.*

Hahlweg, K. (Hrsg.). (1998). *Prävention von Trennung und Scheidung. Internationale Ansätze zur Prädiktion und Prävention von Beziehungsstörungen* (Schriftenreihe des Bundesministeriums für Familie, Senioren, Frauen und Jugend, Bd. 151). Stuttgart: Kohlhammer.

Hassebrauck, M. (1990). Über den Zusammenhang der Ähnlichkeit von Attitüden, Interessen und Persönlichkeitsmerkmalen und der Qualität heterosexueller Paarbeziehungen. *Zeitschrift für Sozialpsychologie*, 265-273.

Hassebrauck, M. (1995). Kognitionen von Beziehungsqualität: Eine Prototypenanalyse. *Zeitschrift für Sozialpsychologie, 26* (3), 160-172.

Hatfield, E., Utne, M. K. & Traupmann, J. (1979). Equity theory and intimate relationships. In R. L. Burgess & T. L. Huston (Hrsg.), *Social exchange in developing relationships.* New York: Academic Press.

Heavey, C. L., Layne, C. & Christensen, A. (1993). Gender and conflict structure in marital interaction: A replication and extension. *Journal of Consulting and Clinical Psychology, 61* (1), 16-27. http://psycnet.apa.org/doi/10.1037/0022-006X.61.1.16

Heidbrink, H., Lück, H. E. & Schmidtmann, H. (2009). *Psychologie sozialer Beziehungen* (1. Aufl.). Stuttgart: Kohlhammer.

Helgeson, V. S., Jakubiak, B., Seltman, H., Hausmann, L. & Korytkowski, M. (2017). Implicit and explizit communal coping in couples with recently diagnosed type 2 diabetes. *Journal of Social and Personal Relationships, 34* (7), 1099-1121. https://doi.org/10.2147/JPR.S128871

Herzberg, P. Y. (2013). Coping in relationships: the interplay between individual and dyadic coping and their effects on relationship satisfaction. *Anxiety, stress, and coping, 26* (2), 136-153. https://doi.org/10.1080/10615806.2012.655726

Heymann, R. E. (2001). Observation of Couple Conflicts: Clinical Assessment Applications, Stubborn Truth and Shaky Foundations. *Psychological Assessment, 13* (1), 5-35. http://psycnet.apa.org/doi/10.1037/1040-3590.13.1.5

Hill, P. B. & Kopp, J. (2013). *Familiensoziologie. Grundlagen und theoretische Perspektiven* (5. Aufl.). Wiesbaden: Springer VS.

Hilpert, P., Milek, A., Bodenmann, G., Xu, F., Atkins, D. C. & Bradbury, T. N. (2017). Couples Coping With Stress: Between-Person Differences and Within Person-Processes. *Journal of Family Psychology*. http://dx.doi.org/10.1037/fam0000380

Hooper, A., Spann, C., McCray, T. & Kimberly, C. (2017). Revisiting the Basics. *The Family Journal, 25* (3), 224-229. https://doi.org/10.1177%2F1066480717710650

Iafrate, R., Bertoni, A. M. M., Margola, D., Cigoli, V. & Acitelli, L. K. (2012). The link between perceptual congruence and couple relationship satisfaction in dyadic coping. *European Psychologist, 17* (1), 73-82. https://doi.org/10.1027/1016-9040/a000069

Kanning, U. P. (1997). *Selbstwertdienliches Verhalten und soziale Konflikte* (Bd. 242). Münster: Waxmann.

Karney, B. R. & Bradbury, T. N. (1995). The longitudinal course of marital quality and stability: A review of theory, methods, and research. *Psychological Bulletin, 118* (1), 3-34. http://psycnet.apa.org/doi/10.1037/0033-2909.118.1.3

Kellas, J. K., Carr, K., Horstmann, H. K. & Dilillo, D. (2017). The Communicated Perspective - Taking Rating System and links to well-being in marital conflict. *Personal Relationships, 24* (1), 185-202. https://onlinelibrary.wiley.com/doi/abs/10.1111/pere.12177

King, D. B. & DeLongis, A. (2013). Dyadic coping with stepfamily conflict. *Journal of Social and Personal Relationships, 30* (2), 198-206. http://psycnet.apa.org/doi/10.1177/0265407512454524

Kirkpatrick, L. A. & Davis, K. E. (1994). Attachment style, gender, and relationship stability: a longitudinal analysis. *Journal of Personality and Social Psychology, 66* (3), 502-512. http://psycnet.apa.org/doi/10.1037/0022-3514.66.3.502

Köcher, R. (Hrsg.). (1993). *Lebenszentrum Familie. In: Bundesministerium für Familie und Senioren, 40 Jahre Familienpolitik in der Bundesrepublik Deutschland.* Neuwied: Luchterhand.

Lavner, J. A. & Bradbury, T. N. (2012). Why do even satisfied newlyweds eventually go on to divorce? *Journal of family psychology, 26* (1), 1-10. http://psycnet.apa.org/doi/10.1037/a0025966

Lavner, J. A., Karney, B. R. & Bradbury, T. N. (2016). Does Couples' Communication Predict Marital Satisfaction, or Does Marital Satisfaction Predict Communication? *Journal of Marriage and Family, 78* (3), 680-694. https://dx.doi.org/10.1111%2Fjomf.12301

Lazarus, R. S. & Folkman, S. (1984). *Stress, appraisal, and coping.* New York: Springer Publishing Company.

Lazarus, R. S. & Smith, C. A. (1990). Emotion and Adaption. In L. A. Pervin (Hrsg.), *Handbook of Personality: Theory and Research* (S. 609-637).

Lenz, K. (2009). *Soziologie der Zweierbeziehung. Eine Einführung* (Lehrbuch, 4. Aufl.). Wiesbaden: VS, Verl. für Sozialwiss.

Leuchtmann, L., Zemp, M., Milek, A., Nussbeck, F. W., Brandstätter, V. & Bodenmann, G. (2018). Role of clarity of other's feelings for dyadic coping. *Personal Relationships, 25* (1), 38-49. https://doi.org/10.1111/pere.12226

Lewis, R. A. & Spanier, G. B. (1979). Theorizing about the quality and stability of marriage. In W. R. Burr (Ed.), *Contemporary theories about the family,* 1 (268-294). New York: Free Press.

Lischetzke, T., Eid, M. & Diener, E. (2012). Perceiving One's Own and Others' Feelings Around the World. *Journal of Cross-Cultural Psychology, 43* (8), 1249-1267. https://doi.org/10.1177%2F0022022111429717

Lösel, F. & Bender, D. (1998). Risiko- und Schutzfaktoren in der Entwicklung zufriedener und stabiler Ehen: eine integrative Perspektive. In K. Hahlweg, D. H. Baucom, R. Bastine & H. J. Markman (Hrsg.), *Prävention von Trennung und Scheidung - Internationale Ansätze zur Prädktion und Prävention von Beziehungsstörungen* (Bd. 151, S. 27-66). Stuttgart: Kohlhammer.

Lösel, F. & Bender, D. (2003). Theorien und Modelle der Paarbeziehung. In I. Grau & H.-W. Bierhoff (Hrsg.), *Sozialpsychologie der Partnerschaft* (S. 44-71). Berlin: Springer.

Molgora, S., Acquati, C., Fenaroli, V. & Saita, E. (2018). Dyadic coping and marital adjumstent during pregnancy: A cross-sectional study of Italian couples expecting their first child. *International Journal of Psychology.* https://DOI: 10.1002/ijop.12476

Morgan, L. A. (1988). Outcomes of Marital Separation. A Longitudinal Test of Predictors. *Journal of Marriage and the Family, 50* (2), 493.

Noller, P. & Venardos, C. (1986). Communication Awareness in Married Couples. *Journal of Social and Personal Relationships, 3* (1), 31-42.

Nussbeck, F., Hilpert, P. & Bodenmann, G. (2012). Der Zusammenhang vno positivem und negativem Interaktionsverhalten in der Partnerschaft mit Partnerschaftszufriedenheit und Trennungsabsichten. *Zeitschrift für Familienforschung, 24* (1), 85-103.

Overall, N. C. (2018). Does Partners' Negative-Direct Communication During Conflict Help Sustain Perceived Commitment and Relationship Quality Across Time? *Social Psychological and Personality Science, 9* (4), 481-492. https://doi.org/10.1177%2F1948550617712030

Overall, N. C., Fletcher, G. J. O., Simpson, J. A. & Sibley, C. G. (2009). Regulating partners in intimate relationships: the costs and benefits of different communication strategies. *Journal of Personality and Social Psychology, 96* (3), 620-639. http://psycnet.apa.org/doi/10.1037/a0012961

Rosenkranz, D. & Rost, H. (1996). *Welche Partnerschaften scheitern? Trennung und Scheidung von verheirateten und unverheirateten Paaren im Vergleich. (ifb-Materialien, 2-96).* Bamberg. http://nbn-resolving.de/urn:nbn:de:0168-ssoar-116811

Rusbult, C. E. (1980). Commitment and satisfaction in romantic associations. A test of the investment model. *Journal of Experimental Social Psychology, 16* (2), 172-186. http://psycnet.apa.org/doi/10.1016/0022-1031(80)90007-4

Rusu, P. P., Bodenmann, G. & Kayser, K. (2018). Cognitive emotion regulation and positive dyadic outcomes in married couples. *Journal of Social and Personal Relationships, 8,* 026540751775166. https://doi.org/10.1177%2F0265407517751664

Sánchez, V., Muñoz-Fernández, N. & Ortega-Ruiz, R. (2017). Romantic Relationship Quality in the Digital Age: A Study with Young Adults. *The Spanish journal of psychology, 20,* E24. https://doi.org/10.1017/sjp.2017.20

Sanford, K. (2003). Problem-solving conversations in marriage: Does ist matter what topics couples discuss? *Personal Relationships* (10), 97-112. http://psycnet.apa.org/doi/10.1111/1475-6811.00038

Schindler, L., Hahlweg, K. & Revenstorf, D. (2007). *Partnerschaftsprobleme. Ein Handbuch für Paare (German Edition).* Dordrecht: Springer-Verlag Berlin and Heidelberg GmbH & Co. KG.

Schmidt-Denter, U. (2005). *Soziale Beziehungen im Lebenslauf. Lehrbuch der sozialen Entwicklung* (Lehrbuch, 4., Aufl.). Weinheim u.a.: Beltz PVU.

Schöbi, D. (2004). *Konfliktregulation im Alltag von Familien. Konflikte in Familien als Prozesse sozialer Belastungsbewältigung* (1. Aufl.). Berlin: Tenea.

Shapiro, A. F., Gottman, J. M. & Fink, B. C. (2015). Short-Term Change in Couples' Conflict Following a Transition to Parenthood Intervention. *Couple & family psychology, 4* (4), 239-251. https://dx.doi.org/10.1037%2Fcfp0000051

Sim, A., Cordier, Reinie, Vaz, Sharmila, Parsons, R. & Falkmer, T. (2017). Relationship Satisfaction and Dyadic Coping in Couples with a Child with Autism Spectrum Disorder. https://doi.org/10.1007/s10803-017-3275-1

Smith, L., Ciarrochi, J. & Heaven, P. C.L. (2008). The stability and change of trait emotional intelligence, conflict communication patterns, and relationship satisfaction: A one-year longitudinal study. *Personality and Individual Differences, 45* (8), 738-743.
http://psycnet.apa.org/doi/10.1016/j.paid.2008.07.023

Spitzberg, B. H. & Hoobler, G. (2002). Cyberstalking and the technologies of interpersonal terrorism. *New Media & Society, 4* (1), 71-92.
http://psycnet.apa.org/doi/10.1177/14614440222226271

Stanley, S. M., Markman, H. J. & Whitton, S. W. (2002). Communication, Conflict, and Commitment: Insights on the Foundations of Relationship Success from a National Survey. *Family Process, 41* (4), 659-675.

Statistisches Bundesamt (Hrsg.). (2018). *Ehescheidungen: Deutschland, Jahre.*

Strawhun, J., Adams, N. & Huss, M. T. (2013). The assessment of cyberstalking: an expanded examination including social networking, attachment, jealousy, and anger in relation to violence and abuse. *Violence and victims, 28* (4), 715-730.

Stroud, C. B., Durbin, C. E., Saigal, S. D. & Knobloch-Fedders, L. M. (2010). Normal and abnormal personality traits are associated with marital satisfaction for both men and women: An Actor–Partner Interdependence Model analysis. *Journal of Research in Personality, 44* (4), 466-477.

Thompson, C. M. & Vangelisti, A. L. (2016). What happens when the standard for openness goes unmet in romantic relationships? Analyses of stress, coping, and relational consequences. *Journal of Social and Personal Relationships, 33* (3), 320-343. https://doi.org/10.1177/0265407515574468

Traa, M. J., Vries, J. de, Bodenmann, G. & Den Oudsten, B. L. (2015). Dyadic coping and relationship functioning in couples coping with cancer: a systematic review. *British journal of health psychology, 20* (1), 85-114.

Vedes, A. N.A., Hilpert, P., Nussbeck, F. W., Randall, A. K., Bodenmann, G. & Lind, W. R. (2016). Love styles, coping, and relationship satisfaction: A dyadic approach. *Personal Relationships, 23* (1), 84-97.
http://doi.org/10.1111/pere.12112

Velotti, P., Balzarotti, S., Tagliabue, S., English, T., Zavattini, G. C. & Gross, J. J. (2016). Emotional suppression in early marriage. *Journal of Social and Personal Relationships, 33* (3), 277-302. https://doi.org/10.1177%2F0265407515574466

Werneck, H. & Rohrer-Werneck, S. (2011). *Psychologie der Scheidung und Trennung. Theoretische Modelle, empirische Befunde und Implikationen für die Praxis* (2., korrigierte Auflage). Vienna Austria: Facultas.wuv.

Wieser, E., Richter-Schmiedinger, T., Glückler, C., Schmidt, A., Volkert, J., Reif, A. et al. (2016). Psychische Störung und Partnerschaft: Auswirkungen und Belastungen affektiver Störungen auf die Partnerschaft. *Psychiatrische Praxis, 43* (6), 305-311.

Willi, J. (2010). *Die Zweierbeziehung.* (20. Aufl.). Reinbek bei Hamburg: Rowohlt.

Witkosvky, A. & Braakmann, D. (2015). Die Bedeutung partnerschaftlicher Stressbewältigung für die Beziehungsqualität und die posttraumatische Symptomausprägung. *Zeitschrift für klinische Psychologie und Psychotherapie, 44* (1), 17-26. DOI: 10.1026/1616-3443/a000285

Zeidner, M., Kloda, I. & Matthews, G. (2013). Does dyadic coping mediate the relationship between emotional intelligence (EI) and marital quality? *Journal of family psychology, 27* (5), 795-805.

Anhang

Jahr	Autoren	Stichprobe		Ort	Stresstyp	Methodik	Thematischer Schwerpunkt
2018	Leuchtmann et al.	368	Paare	CH	Unspezifische Belastungs-Situation	Fragebogen, Verhaltensbeobachtung	Rolle der Klarheit der Gefühle Anderer und dyadisches Coping
2018	Molgora, Acquati, Fenaroli & Saita	78	Paare	IT	Schwangerschaft	Fragebogen	Dyadisches Coping und Beziehungszufriedenheit
2018	Overall	322	Paare		criticize, contempt, defensiveness, stonewalling	Fragebogen, Verhaltensbeobachtung	Auswirkungen von direkter negativer Kritik auf das wahrgenommene Commitment und der Beziehungszufriedenheit
2018	Rusu, Bodenmann & Kayser	295	Paare	RO	Unspezifische Belastungs-Situation	Fragebogen	Kognitiver Emotionsregulation, dyadisches Coping und Beziehungszufriedenheit
2017	Breitenstein, Milek, Nussbeck, Davila & Bodenmann	220	Paare	CH	Unspezifische Belastungs-Situation	Fragebogen	Dyadisches Coping und Beziehungszufriedenheit bei adoleszenten Paaren
2017	Helgeson, Jakubiak, Seltman, Hausmann & Korytkowsk	70	Paare		Krankheits-bewältigung	Fragebogen	Implizite und explizite Stressbewältigung bei Krankheitsbewältigung
2017	Hilpert et al.	84	Paare	CN	Unspezifische Belastungs-Situation	Fragebogen	Unterschiede beim dyadischen Coping zwischen Personen und Prozesse innerhalb von Personen

Anhang

Jahr	Autoren	Stichprobe		Ort		Methodik	Thematischer Schwerpunkt
2017	Hooper, Spann, McCray & Kimberly	591	Paare	US	criticize, contempt, defensiveness, stonewalling	Fragebogen	Auswirkungen von emotionaler Überschwemmung und negativen Interaktionsmuster auf die eheliche Zufriedenheit
2017	Kellas, Carr, Horstman & Dilillo	80	Paare	US	Perspektiv-übernahme	Fragebogen; Verhaltensbeobachtung	Zusammenhang von Perspektivübernahme und psychisches Wohlbefinden während Konflikten
2017	Sánchez, Munoz-Fernández & Ortega-Ruiz	431	Personen	SP	Online-Interaktion	Fragebogen	Zusammenhang Online-Interaktionsverhalten und Beziehungszufriedenheit
2017	Sim, Cordier, Vaz, Parsons & Falkmer	127	Personen	AU	Kind mit Autismus-Störung	Fragebogen	Zusammenhang von Dyadisches Coping und Beziehungszufriedenheit bei Krankheitsbewältigung
2016	Lavner, Karney & Bradbury	431	Paare	US	criticize, contempt, defensiveness, stonewalling	Fragebogen, Verhaltensbeobachtung	Wirkrichtung der positiven und negativen Kommunikation und Beziehungszufriedenheit
2016	Thompson & Vangelisti	205	Personen	US	stonewalling, contempt	Fragebogen	Zusammenhang von Offenheit in romantischen Beziehungen, Stress, Bewältigung und deren Konsequenzen
2016	Vedes et al.	92	Paare	CH	Unspezifische Belastungs-Situation	Fragebogen	Dyadischen Coping und Liebesstilen

Jahr	Autoren	N	Art	Land	Thema	Methode	Fokus
2016	Velotti et al.	229	Paare	US	stonewalling	Fragebogen	Zusammenhang von Emotionsunterdrückung und Beziehungsqualität
2016	Wieser et al.	104	Paare	DE	Affektive Störung	Fragebogen	Zusammenhang von Affektiven Störungen und Beziehungszufriedenheit
2015	Gagliardi, Bodenmann & Heinrichs	154	Paare	DE/CH	Unspezifische Belastungs-Situation	Fragebogen	Dyadisches Coping und Partnerschaftszufriedenheit bei verschiedenen Liebesstilen
2015	Shapiro, Gottman & Fink	38	Paare	US	Contempt	Fragebogen; Verhaltensbeobachtung	Konfliktverhalten während Übergang zur Elternschaft
2015	Traa, De Vries, Bodenmann & Den Oudsten	33	Studien		Krankheits-bewältigung	Systematisches Review	Zusammenhang von Dyadisches Coping und Beziehungszufriedenheit bei Krankheitsbewältigung
2015	Witkovsky & Braakmann	31	Paare	DE/AT	PTBS-Symptomatik	Fragebogen	Dyadisches Coping und Partnerschaftszufriedenheit bei Krankheitsbewältigung
2014	Donato*, Parise, Pagani, Bertoni & Iafrate	176	Paare	IT	Criticize, stonewalling	Fragebogen	Konfliktverhalten Forderung/Rückzug in Zusammenhang mit Beziehungszufriedenheit und Dauer
2013	Gagliardi et al.	304	Paare	CH/IT/DE	Unspezifische Belastungs-Situation	Fragebogen	Dyadisches Coping bei verschiedenen Bindungsstilen

Jahr	Autoren	Stichprobe		Ort	Stresstyp	Methodik	Thematischer Schwerpunkt
2013	Herzberg	240	Paare	DE	Unspezifische Belastungs-Situation	Fragebogen	Zusammenhang von individuellen und dyadischen Coping und Beziehungszufriedenheit
2013	King & DeLongis	83	Paare		Stieffamilien	Fragebogen	Zusammenhang von Dyadisches Coping und Beziehungszufriedenheit
2012	Iafrate, Bertoni, Margola, Cigoli & Acitelli	281	Paare	IT	Unspezifische Belastungs-Situation	Fragebogen	Zusammenhang von Wahrnehmung, Kongruenz und Beziehungszufriedenheit
2012	Lavner & Bradbury	136	Paare	US	criticize, contempt, defensiveness, stonewalling	Fragebogen; Verhaltensbeobachtung	Risikofaktoren für Scheidung
2012	Nussbeck, Hilpert & Bodenmann	2583	Personen	CH	Unspezifische Belastungs-Situation	Fragebogen	Zusammenhang von positiven und negativen Interaktionsverhalten auf Partnerschaftszufriedenheit und Trennungsabsichten
2010	Bertoni & Bodenmann	226	Paare		Unspezifische Belastungs-Situation	Fragebogen	Positive und negative Dimensionen, Konfliktstile und Beziehung zur Herkunftsfamilie
2010	Stroud, Durbin, Saigal & Knoblock-Fedders	118	Paare	US	Persönlichkeitsmerkmal	Fragebogen	Zusammenhang von Persönlichkeitsmerkmalen und Beziehungszufriedenheit

2009	Overall, Fletcher, Simpson & Sibley	61	Paare	IS	criticize, contempt	Fragebogen; Verhaltensbeobachtung	Kommunikationsstrategien bei gewünschten Veränderungen
2008	Smith, Ciarrochi & Heaven	45	Paare	AU	stonewalling	Fragebogen	Zusammenhang emotionale Intelligenz, Konfliktkommunikation und Beziehungszufriedenheit

Tabelle 2: Vergleichsstudien

Theorie der ehelichen Stabilität (Gottman, 1994)			
Jahr	Autoren	Thema	Ergänzungen
2008	Smith, Ciarrochi & Heaven	Zusammenhang von emotionaler Intelligenz, Konfliktkommunikation und Beziehungszufriedenheit	Emotionale Intelligenz
2009	Overall, Fletcher, Simpson & Sibley	Vor- und Nachteile verschiedener Kommunikationsstrategien	Mechanismus der Regulation
2014	Donato*, Parise, Pagani, Bertoni & Iafrate	Konfliktverhalten Forderung/Rückzug in Zusammenhang mit Beziehungszufriedenheit und Dauer	Forderung/Rückzug bei langer Beziehungsdauer
2016	Lavner, Karney & Bradbury	Wirkrichtung der positiven und negativen Kommunikation und Beziehungszufriedenheit	Wirkrichtung
2016	Velotti et al.	Zusammenhang von Emotionsunterdrückung und Beziehungsqualität	Emotionsunterdrückung
2017	Hooper, Spann, McCray & Kimber	Auswirkungen von emotionaler Überschwemmung und negativen Interaktionsmuster auf die eheliche Zufriedenheit	Beziehungsdauer und Herkunft
2016	Hooper, Spann, McCray & Kimber	Auswirkungen von emotionaler Überschwemmung und negativen Interaktionsmuster auf die eheliche Zufriedenheit	Beziehungsdauer und kultureller Hintergrund
Systematisch-transaktionales Stress-Coping-Konzept (Bodenmann, 1995)			
Jahr	Autoren	Thema	Ergänzungen
2012	Nussbeck, Hilpert & Bodenmann	Zusammenhang von positivem und negativem Interaktionsverhalten mit der Partnerschaftszufriedenheit und Trennungsabsichten	Positives und negatives Interaktionsverhalten
2017	King & DeLongis	Zusammenhang von dyadischen Coping und Beziehungszufriedenheit	Demand-Withdraw
2017	Breitenstein, Milek, Nussbeck, Davila & Bodenmann	Zusammenhang von dyadischen Coping und Beziehungszufriedenheit von spät adoleszenten Jugendlichen und Erwachsenen	Altersunterschiede
2018	Rusu, Bodenmann & Kayser	Zusammenhang Strategien der Emotionsregulation, dyadischen Coping und Beziehungszufriedenheit	Emotionsregulation
2013	Gaglardi et al.	Zusammenhang von Partnerschaftsqualität, dyadische Coping und Bindungsstilen	Bindung
2015	Gagliardi, Bodenmann & Heinrichs	Zusammenhang der Liebesstile und dyadische Coping	Liebesstile
2016	Vedes et al.	Zusammenhang der Liebesstile und dyadische Coping	Liebesstile
Resilienz-Modell der Paarbeziehung (Lösel & Bender, 1998)			
Jahr	Autoren	Thema	Ergänzungen
2017	Sánchez, Muñoz-Fernández und Ortega-Ruiz	Zusammenhang von Online-Kommunikation und der Beziehungszufriedenheit	Online-Interaktion

Tabelle 3: Studien mit ergänzenden Aspekten

Jahr	Autoren	Thema		Verhaltensweise
2008	Smith, Ciarrochi & Heaven	Zusammenhang von emotionaler Intelligenz, Konfliktkommunikation und Beziehungszufriedenheit	- -	Vermeidung Zurückhaltung
2009	Overall et al.	Vor- und Nachteile verschiedener Kommunikationsstrategien	- -	Kritik Missachtung
2012	Lavner & Bradbury	Risikofaktoren für Scheidung	- - - -	Kritik Missachtung Verteidigung Mauern
2014	Donato*, Parise, Pagani, Bertoni & Iafrate	Konfliktverhalten Forderung/Rückzug in Zusammenhang mit Beziehungszufriedenheit und Dauer	- -	Forderung Rückzug
2015	Shapiro, Gottman & Fink	Konfliktverhalten während Übergang zur Elternschaft	-	Missachtung
2016	Thompson & Vangelisti	Zusammenhang von Offenheit in romantischen Beziehungen, Stress, Bewältigung und deren Konsequenzen	- - +	Missachtung Mauern Humor
2016	Lavner, Karney & Bradbury	Wirkrichtung der positiven und negativen Kommunikation und Beziehungszufriedenheit	- - - -	Kritik Missachtung Verteidigung Mauern
2016	Velotti et al.	Zusammenhang von Emotionsunterdrückung und Beziehungsqualität	-	Mauern
2017	Hooper, Spann, McCray & Kimber	Auswirkungen von emotionaler Überschwemmung und negativen Interaktionsmuster auf die eheliche Zufriedenheit	- - - -	Kritik Missachtung Verteidigung Mauern
2018	Overall	Auswirkungen von direkter negativer Kritik auf das wahrgenommene Commitment und der Beziehungszufriedenheit	- - - -	Kritik Missachtung Verteidigung Mauern

Tabelle 4: Zusammenfassung des Interaktionsverhaltens

Theorie der ehelichen Stabilität (Gottman, 1994):		Systematisch-transaktionales Stress-Coping-Konzept (Bodenmann, 1995):	
\multicolumn{4}{c}{Überschneidungen}			
Kritik (Complain/Criticize)	• offenes Beschweren • kritisierende Bemerkungen • Vorwürfe, die sich auf das Verhalten des Partners beziehen • Persönliche Kritik, die dich nur auf das Verhalten des Partners, sondern auch an die Persönlichkeit gerichtet ist	Hostiles dyadisches Coping	Hilfe in herabsetzender, distanzierter, kritischer, desinteressierter oder sarkastischer Form
Verachtung (Contempt)	• sarkastisch-zynischen Bemerkungen • gegenseitiger Verachtung • Abwertung • Beleidigungen • Feindselige Körpersprache und Humor, Spott und Hohn		
\multicolumn{4}{c}{Resilienz-Modell der Paarbeziehung (Lösel & Bender, 1998)}			
\multicolumn{4}{c}{Überschneidungen}			
Theorie der ehelichen Stabilität (Gottman, 1994): Kommunikations- und Interaktionsverhalten		Systematisch-transaktionales Stress-Coping-Konzept (Bodenmann, 1995): Coping-Verhalten	

Tabelle 5: Interferenzen der Theorien